国家级职业教育规划教材
全国中等职业技术学校商贸类专业通用教材

企业管理基础

曹卫国　主编
人力资源和社会保障部教材办公室　组织编写

中国劳动社会保障出版社

简介

本教材为国家级职业教育规划教材。

本教材紧扣企业管理的实际，对企业管理进行了初步介绍，并着重讲解了企业组织、生产管理、物流管理、市场营销管理、人力资源管理和企业战略管理的具体内容，以及在企业生产经营中的应用。

本教材由曹卫国主编，张蓉华、杨海华、杨克通参与编写。

图书在版编目(CIP)数据

企业管理基础/曹卫国主编. —北京：中国劳动社会保障出版社，2015
全国中等职业技术学校商贸类专业通用教材
ISBN 978-7-5167-2190-2

Ⅰ.①企… Ⅱ.①曹… Ⅲ.①企业管理-中等专业学校-教材 Ⅳ.①F270

中国版本图书馆 CIP 数据核字(2016)第 004272 号

中国劳动社会保障出版社出版发行
（北京市惠新东街 1 号 邮政编码：100029）

*

三河市华骏印务包装有限公司印刷装订 新华书店经销
787 毫米×1092 毫米 16 开本 10.75 印张 221 千字
2016 年 1 月第 1 版 2023 年 1 月第 9 次印刷
定价：20.00 元

营销中心电话：400－606－6496
出版社网址：http: // www.class.com.cn
http: // jg.class.com.cn

出版说明

全国中等职业技术学校商贸类专业通用教材共 10 种，分别为《会计基础》《统计基础》《经济法基础》《企业管理基础》《电子商务基础》《市场营销》《商务沟通》《商务礼仪》《公关关系实务》和《财经应用文写作》。

商贸类专业主要包括市场营销、会计、电子商务、物流管理等，这些专业虽然在专业内涵和外延上各有侧重，但在诸如经济、法律、管理、营销、礼仪等方面对学生基础知识和基本能力的要求具有一定的共通性，因而学校在专业基础课程上可以对学生进行通识教育。本套教材的开发就是基于这一目的，为这些专业构建一个通用平台，供教师根据教学实际选用。

教材编审人员由教学经验丰富的一线骨干教师及企业专家组成，他们根据中职商贸类专业教学要求及学生的认知规律，在教材编写过程中，精心设计教材结构，合理选择教学内容，始终注重表现形式，使教材具有结构清晰、内容丰富、表述简洁、易教易学的特点。

为了便于教师开展教学工作，本套教材配套开发了习题册和电子课件。习题册答案及电子课件可登录 www.class.com.cn，搜索相应的书目，在相关资源中下载。

目　录

第一章 企业管理概述

企业是社会经济的基本单位，是社会财富的创造者。企业管理的对象是企业，因此，全面认识企业是企业管理的第一步。本章主要介绍企业的概念和类型、企业的创设与申办；企业管理的概念、任务、发展趋势；现代企业制度等。

学习目标

- 掌握企业的概念和类型
- 理解企业的创设条件和程序
- 掌握企业管理的概念和任务
- 了解企业管理的发展趋势
- 掌握现代企业制度的概念和基本特征
- 理解现代企业制度的基本内容、基本形式

第一节 企业的内涵

一、企业的概念

企业是从事生产、流通、服务等经济活动，以生产或服务满足社会需要，实行自主经营、独立核算、依法设立的一种营利性的经济组织，是以营利为目的而进行商品生产和交换活动的经济组织。

从社会经济系统的角度来考察，企业是一个资源转换体，它的功能是将各种社会资转换为有用的商品和服务，满足社会的需要，如图1—1所示。

二、企业的类型

为了更好地研究企业经营管理的规律性，不断提高企业管理的现代化水平，可以对

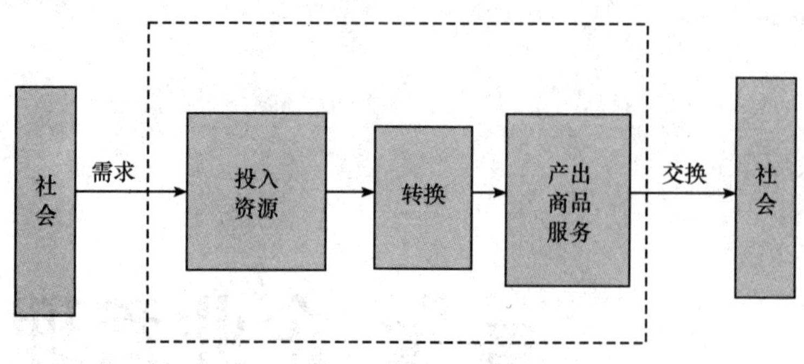

图 1—1　企业的功能

企业按照不同的标准进行分类，见表 1—1。

表 1—1　　按不同标准划分的企业类型

划分标准	企业类型
财产组织形式和承担法律责任	独资企业、合伙企业、公司制企业等
生产资料所有制形式	国有企业、集体所有制企业、股份制企业、私营企业
企业集约程度	单一企业、多元企业、经济联合体、企业集团
生产要素的密集程度	劳动密集型、资金密集型、知识密集型

1. 按财产组织形式和承担法律责任划分

(1) 独资企业。独资企业是指由单一投资主体出资兴办，并完全归出资人所有和控制的企业。独资企业有国有独资企业、法人独资企业和个人业主企业三种形式，目前，普遍发展的是个人业主企业。个人业主企业也称自然人企业，一般不具备法人资格。这类企业由业主个人出资并管理，享受全部经营成果，同时承担全部经营责任，甚至是无限连带责任。个人业主企业比较适合于零售分散的小规模经营，分布在农业、建筑业(主要是建筑手工业)、商业（主要是零售商业）以及其他服务行业领域。

(2) 合伙企业。合伙企业是指由两个或两个以上的个人共同出资、联合经营的企业。在这类企业中，合伙人共同承担盈亏责任，分享利润。合伙企业大体有三种类型：第一种是所有合伙人共同出资，共同经营，他们既是所有者，又是经营者和劳动者；第二种是由部分合伙人出资承担盈亏责任，部分合伙人经营；第三种是以上两种情况中任一种加上一些雇工。合伙企业一般适合那些资本需求量不大，经营规模不需要太大，管理不复杂，不需要设立管理机构的生产和经营企业，对于一些在经营上个人有决定作用的行业，如律师事务所、会计师事务所、广告事务所、经纪行等，常采取合伙经营的形式。

(3) 公司制企业。公司制企业是指由两个以上股东共同出资，依照法定条件和程序而设立的，具有法人资格，能独立对自己经营的财产享有民事权利，承担民事责任。根据股东对债务所负的责任的不同，可将公司分为无限责任公司、有限责任公司和股份有限公司，其中后两种形式是目前公司制企业的主要形式。按照公司的全部资本是否为等额股份并是否通过发行股票筹集资本，公司分为有限责任公司和股份有限公司。有限责任公司限制股东人数，公司的资产不分为等额股份，不发行股票。股份有限公司的股东有下限、无上限，资本总额平分为金额相等的股份，可以向社会公开发行股票，且可交易或转让。有限责任公司和股份有限公司是我国《公司法》指定可在我国设立的公司。另外，无限责任公司是指全体股东就公司债务对公司的债权人承担连带无限责任。

2. 按照生产资料所有制形式划分

（1）国有企业。国有企业是指企业经营管理的财产归国家或代表国家行使管理职能的政府部门或机构所有的企业，过去称为全民所有制企业，即企业的生产资料归社会全体劳动人民所占有的企业。现阶段，国有企业不仅采取国有独资所有制形式，还可以通过资本经营和资产重组，发展股份制企业，或联营或合资，向具有国际竞争力的大型企业集团方向发展。小型国有企业也可以通过多种形式改造为股份合作制等多种企业制度形式。

（2）集体所有制企业。集体所有制企业是指有组织的劳动者投资办的社会化程度比较低的公有制企业，如城市中的街办企业、农村中的乡镇企业等，乡镇企业是典型的集体所有制企业。

（3）股份制企业。股份制企业是指通过股东投资对生产经营要素实行社会占有与联合使用，从事生产经营活动并按投资入股的份额参与企业的管理和分配的一种企业组织形式。股份制企业的股东，可以是有权代表国家投资的政府部门或机构、企业法人，具有法人资格的事业单位和社会团体，也可以是自然人，所以股份制企业是一种混合的所有制形式。

（4）私营企业。私营企业是指由自然人投资设立或由自然人控股，以雇佣劳动为基础的营利性经济组织。私营企业也叫民营企业，属于私有经济性质。私营企业的组织形式灵活，得到国家政策上的大力扶持而得以迅速发展。

3. 按照企业集约程度划分

（1）单一企业。单一企业是指由一个人或一个店构成的企业。单一企业经营范围和产品都比较狭窄，规模较小，专业化程度较高。其特点是：可以组织大批生产，劳动生产率高，有利于降低产品成本；但生产的品种单一，回旋余地小，适应市场需求变化的能力差。单一企业必须独立地承担财产和经营责任，有法人地位。

（2）多元企业。多元企业是指由两个以上的工厂或商店组成的企业，它是按照专业化、联合化及合理性原则，由若干个分散的经济实体所形成的法人组织。多元企业的形成方式很多，有按企业所处供、产、销的位置在向前和向后两个方向上的纵向联合，有按相同性质企业的横向联合等。多元企业一般比单一企业的规模大些，其特点是：有可能扩大经营范围或增加产品线，从而使企业资源的综合利用程度提高，品种多，适应市场变化能力强，经营风险小；但是管理较复杂，提高产品质量的任务艰巨。

（3）经济联合体。经济联合体是松散的，相对稳定的经济组织。其特点是：参加联合的多方，本着自愿、互利、效益原则，在生产、科研、技术、设备、劳动力、物资及销售等方面彼此联合；联合各方实行独立核算、自负盈亏，并按等价有偿原则，在各成员之间进行产品配套。经济联合体实行物资协作以及技术转让等生产经营活动；联合各方的联合内容与原则用契约的方式形成法律约束；联合的形式也是多种多样，如生产要素的联合、工艺手段的联合、不同行业的联合、不同产业的联合等。

（4）企业集团。企业集团是在经济联合的基础上组建起来的，具有较紧密联系的企业群体组织，其核心是技术、经济和资金实力较雄厚的集团公司。企业集团本身是企业法人，且通过控股、参股来影响一批企业经营方向和经营活动。参加企业集团的成员可分为核心层、紧密层、松散层的多层次结构，在经营上共担风险，在利益上共负盈亏，有长期可靠的稳定性。企业集团由于其核心一般是实力很强大的大型企业，成员众多，优势互补，因而经营范围广泛，产品可向多样化发展；企业对市场需求的应变能力较强，但投资多且分散，管理工作更加复杂。

4. 按生产要素的密集程度划分

生产要素是指生产物质产品或劳务时所投入的资源，包括有形资源（人、财、物）和无形资源（技术、知识等）两大类。按其密集程度（企业拥有资源的性质和所占比重）可分为：

（1）劳动密集型企业。劳动密集型企业是指单位产品的投资吸收劳动力较多，需要大量使用劳动力从事生产活动，技术装备水平较低的企业，如服装、鞋帽、五金、家电装配、工艺美术等行业的企业。其特点是人均固定资产投资较少，劳务费用对成本影响较大，工人技艺熟练程度对生产效率有明显影响。

（2）资金密集型企业。资金密集型企业是指单位产品的所需投资较多，技术装备程度高，以机械化、自动化作为生产手段的企业，如钢铁、化工、汽车、电力等行业的企业。其特点是经营批量大，投资多，物资消耗少，建设周期长，设备复杂，需要有高技能的操作人员配套。

（3）知识密集型企业。知识密集型企业是指综合运用先进的现代化科学技术成就从事生产经营的企业，也叫技术密集型企业，如计算机、生物工程、光纤材料、精密仪器、宇航等行业的企业。其特点是对员工文化技能素质要求高，产品的科技含量高，企业有产品开发或科研开发的能力，能不断以新产品投放市场，其风险和收益都高于一般企业。

此外，根据企业所属产业领域及行业领域，还可把企业分为工业企业、农业企业、运输企业、商业企业、金融企业、旅游及服务企业等；根据企业的年生产能力或固定资产原值大小把企业分为特大型企业、大型企业、中型企业、小型企业；根据企业同外国资产联合的方式把企业划分为合资经营企业、合作经营企业、外商独资企业；根据企业是否拥有全部资源可将企业划分为实体企业和虚拟企业等。

三、企业的创设条件

在我国，申请登记企业，必须具备《民法通则》《公司法》《公司登记管理条例》及《企业法人登记管理条例》等有关法律法规所规定的条件，经过主管机关核查登记后才能确立法人资格，从事经营活动。企业一般应符合下列条件：

1. 有符合规定的名称和章程。

2. 有企业经营管理所需的财产，并能够以其财产独立承担民事责任。

3. 有与生产经营规模相适应的管理机构、财务核算机构、劳动组织以及法律或者章程规定必须建立的其他机构。

4. 有必要的与经营范围相适应的经营场所和设施。

5. 有与生产经营规模和业务相适应的从业人员，其中专职人员不得少于 8 人。

6. 有健全的财会制度，能够实行独立核算、自主经营、自负盈亏、独立编制资金平衡表或资产负债表等财务报表。

7. 有符合规定数额并与经营范围相适应的注册资本。根据我国《公司法》规定，有限责任公司注册资本的最低限额为人民币 3 万元，股份有限公司注册资本的最低限额为 500 万元。

8. 有符合国家法律、法规和政策规定的经营范围。

9. 法律、法规规定的其他条件。

四、企业申办的基本程序

按照我国的法律、法规和政策规定，根据公司申办的基本要素，企业申办的基本程序如下。

1. 选择企业的形式

由于企业的形式不一，各种企业类型的创设条件各有区别，所要求的办公及经营场所有明确要求，所需注册资金额度分设各层标准，这就要求在企业的筹备中，股东们必须事先决定选择企业的形式、属性、经营范围等，充分考虑后期企业运营的风险。

2. 明晰企业申报流程

成立企业是合法经营和发展壮大的必经之路，必须掌握企业申报的基本流程。在准备资料完毕后，按照选择名称、资料审核、办理营业执照、办理组织机构代码证、办理税务登记证、领取章证等流程完成企业合法化注册和申办的流程，具体如图 1—2 所示。

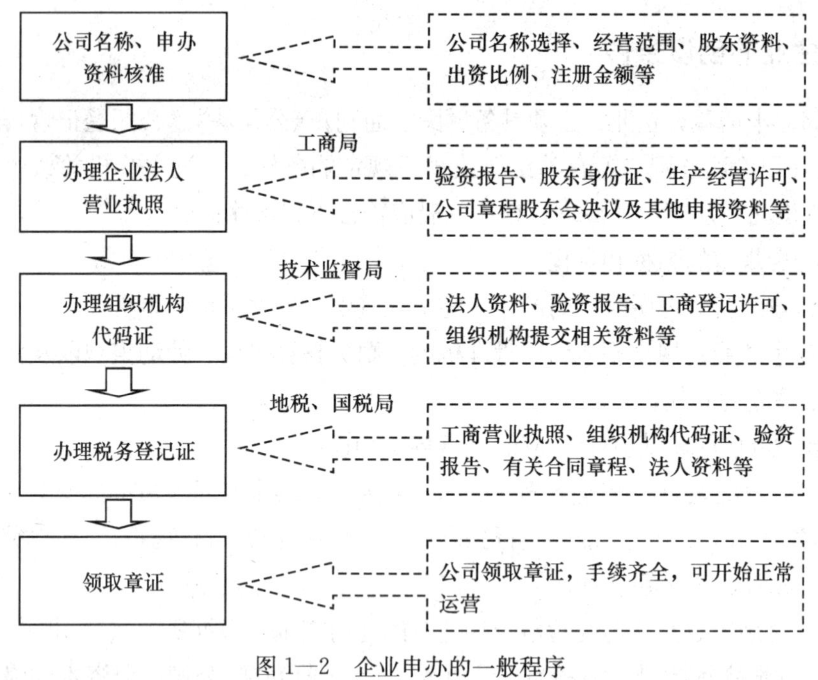

图 1—2　企业申办的一般程序

第二节　企业管理的内涵

一、企业管理的概念

所谓企业管理，就是由企业经理人员或经理机构对企业的经济活动过程进行计划、组织、指挥、协调、控制，以提高经济效益，实现盈利这一目的的活动的总称。

> **名人名言**
>
> 管理者好比是交响乐队的指挥，通过他的努力、想象和指挥，使整个乐队融合为一幕精彩的乐队表演。
>
> ——德鲁克［美］

企业的生产经营活动包括两大部分，一部分是属于企业内部的活动，即以生产为中心的基本生产过程、辅助生产过程以及产前的技术准备过程和产后的服务过程，对这些过程的管理统称为生产管理；另一部分是属于企业外部的，与社会经济的流通、分配、消费等过程相关联，包括物资供应、产品销售、市场预测与市场调查、对用户服务等，对这些过程的管理统称为经营管理，它是生产管理的延伸。随着现代商品经济的发展，企业管理的职能逐渐由以生产为中心的生产型管理发展为以生产经营为中心的生产经营型管理。因此，企业管理的任务是，不仅要合理地组织企业内部的全部生产活动，而且还必须把企业作为整个社会经济系统的一个要素，按照客观经济规律，科学地组织企业的全部经营活动。

二、企业管理的任务

1. 合理组织生产力

合理地组织生产力是企业管理最基本的任务。合理组织生产力有两个方面的含义。

一是使企业现有的生产要素得到合理配置与有效利用。具体来说，就是要把企业现有的劳动资料、劳动对象、劳动者和科学技术等生产要素合理地组织在一起，恰当地协调它们之间的关系和比例，使企业生产组织合理化，从而实现物尽其用，人尽其才。

二是不断开发新的生产力。第一，不断地改进劳动资料，并不断地采用新的更先进的劳动资料；第二，不断地改进生产技术，并不断地采用新的技术来改造生产工艺、流程；第三，不断地发现新的原材料或原有原材料的新用途；第四，不断地对职工进行技术培训，并不断地引进优秀科技人员与管理人员。

2. 维护并不断地改善社会生产关系

企业管理总是在某种特定的社会生产关系下进行的，一定的社会生产关系是企业管理的基础，它从根本上决定着企业管理的社会属性，从全局上制约着企业管理的基本过程。因此，企业管理的重要任务之一就是要维护其赖以产生、存在的社会关系。另外，由于生产关系具有相对稳定性，在相当长的一个历史阶段内，其基本性质可以保持不变，而生产力却是非常活跃、不断变革的因素，必然会与原有的生产关系在某些环节、某些方面发生矛盾。这时，为了保证生产力的不断发展，完全有必要在保持现有生产关系的基本性质不变的前提下，通过改进企业管理手段、方法的途径对生产关系的某些环节、某些方面进行调整、改善，以适应生产力不断发展的需要。

案例链接

潘家口蓄能电厂是国家及河北省重点建设项目。但因其工作业务不能实时监控、任务无法落实到具体责任人，存在人员干好干坏一个样的管理难题。2007 年 5 月，电厂组织人员到秦皇岛发电有限责任公司考察由晨砻科技开发的“任务管理系统”。2007 年 8 月，潘家口蓄能电厂实施应用了名为“任务管理系统”的新管理模式，通过对厂级和部门级的定期、临时工作进行全面流转监控，到期任务提醒、超期任务报警考核的方式，达到了每项工作都有计划、有安排、有措施、有督促、有检查、有考核，形成环环相扣的闭环企业管理模式。

在该管理系统中，通过信息化的手段，增强了厂级和部门级对下发工作的能控、可控、在控；实现了工作管理的个人责任制，做到了人人有事做，事事有人管；大大提高了企业员工的工作效率，减少和压缩了企业的人力资源成本；实现了电厂管理工作流转的全面可视化；绩效管理手段的使用增加了员工工作的积极性和热情。

在使用了系统的两个月时间，全厂用户 163 个，下发厂级任务 297 个，部门临时工作、发出的部门定期工作、分解部门的厂级任务共 645 个，设定定期工作共 408 个。

三、企业管理的主要发展趋势

1. 企业创新管理将越来越受到重视

企业要生存和发展，就要不断创新。现代企业家精神，说到底就是要树立市场竞争观念和风险经营观念，善于将企业资源转化为经营优势，提高企业的创新应变能力，在急剧的外部环境变化中，把握开拓市场的主动权。

2. 企业“软件”管理将更加系统化

现代企业管理的系统模式是由战略、结构、制度、技巧、人员、作风及共同价值观七方面组成的，简称“7S”模式。在此模式中，战略、结构和制度是管理的“硬件”，它适用于一切企业的管理；而人员、作风、技巧、共同价值观则是管理的“软件”，不同的企业有不同的“软件”。未来企业管理的重点，就是要提高“软件”管理企业的水平。

3. 企业战略管理将强调目标的创新

现代企业经营管理是一种实现企业预期经营目标的管理，主要是谋求企业发展目标、企业动态发展与外部环境的适应性。而战略管理是一种面向未来的、以强调创新为目标的管理，它谋求的是既要适应外部环境变化，又要改造和创造外部经营环境，并努力用企业的创新目标来引导社会消费，促进企业不断成长和发展。

4. 企业权变管理将更加灵活和精细

在现代管理中，X 理论过分强调对人的行为的控制，结果形成家长式管理，严重束缚了职工的创造性和积极性；Y 理论过分强调人的行为的自主性，结果形成放任式管理，缺乏统一的协调和组织。未来企业管理的发展将是实行一种宽严相济的权变管理，能因人、因时、因地随机采用各种各样的方式进行管理，使企业管理一方面控制得很严，另一方面又允许甚至坚持从最下级的普通职工起，都应享有自主权，且富于企业家精神和创新精神。

5. 开放式面对面的感情管理

面对面管理，是以走动管理为主的直接亲近职工的一种开放式的有效管理。它是指管理人员深入基层，自由接触职工，在企业内部建立起广泛的、非正式的、公开的信息沟通网络，以便体察下情，沟通意见，共同为企业目标奋斗。这种走动管理充溢着浓厚的人情味。其内容外延广阔，内涵丰富，富于应变性、创造性，以因人因地因时制宜取胜。实践证明，高技术企业竞争激烈且风险大，更需要这种“高感情”管理。它是医治企业官僚主义顽症的“良药”，也是减少内耗、理顺人际关系的“润滑剂”。

6. 未来企业管理的“三个中心”和“两个基本方向”

虽然现在还很难描述“将来”的企业管理模式，但从发达国家现代经营管理的“三个中心”和“两个基本方向”，可以洞悉“将来”的管理模式。“三个中心”是：以市场为中心的明确的目标和策略，以人为中心的价值观和企业文化，以效率和效益为中心的一整套不断变化的制度和措施。“两个基本方向”是：开放与合作。

7. 企业管理将更善于借用外脑

未来企业的经营管理，在面对外部环境剧烈变化的挑战时，已不能完全依靠企业内的管理人员做出正确的决策，而必须借助外部力量，特别是借助于对企业的生产、技术、经营、法律等方面有专长的专家和顾问，为企业提供经营管理方面的咨询服务，在企业界形成以咨询为主的企业智囊团。

第三节　现代企业制度

企业制度是关于企业组织、运营、管理等一系列的行为规范。它包括三个方面的内容：一是企业的资产生成制度，它规定了企业生产要素的资金性质和形成方式，这是建立其他制度的前提；二是企业权益组织制度，它明确了企业的权益构成，企业的权益所有者以及权益分配的原则和方法；三是企业的经营管理制度，它规定了企业管理机制和组织构成，谁来负责企业的经营管理，如何开展企业的经营管理活动等内容。因此，企业制度是保证企业生产经营活动正常进行的企业组织秩序，是组织间相互关系、分配关系的综合体现。

一、现代企业制度的含义

现代企业制度是指符合社会化大生产特点，适应市场经济体制需要，体现企业成为独立法人实体和市场竞争主体的要求，在国家各种特定法规的规范约束下，企业具有独立的财产权和责任的一种制度。现代企业制度是以完善的法人财产权为基础，以有限责任为核心，以公司制为基本形式，以法人治理结构为保证的企业制度。它是现代市场经济下企业的组建、管理、运营的规范制度形式，是市场经济发展的最佳选择，是适应现代化大生产要求的企业制度，是保证我国企业尽快成为市场经济主体，走向现代化、国际化的企业制度。

二、现代企业制度的基本特征

1. 产权清晰

产权清晰是指企业的财产归属必须非常明确。长期以来，国有企业的所有者权益属于全民所有，即国家所有，但具体由谁代表国家行使出资人的权力，却是一直没有解决的问题。政府的各个部门都自认为是国有企业的所有者代表，在这种体制下，谁也不对企业的经营业绩负真正的直接责任，这也是产权责任不清晰的必然结局。现代企业制度产权清晰，就是要明确企业的出资人与企业组织的基本财产关系。现代企业制度下，所有者与企业的关系是出资人与企业法人的关系，也即股东与公司的关系。其产权清晰主要表现在，有效地实现了出资者所有权与企业法人财产权的分离，具体来说：

第一，企业的出资人必须明确。企业的出资者投资后即成为企业的股东，如果是国家投资，就该由国家明确一个部门或机构，行使相应出资人的权利，即出资者按其投入企业的资本额，依法享有所有者权益，包括资产收益权、重大决策权和管理者权利等。

第二，企业拥有包括出资者投资在内的全部法人财产权，成为享有民主权利、承担民主责任的法人实体。企业对自己的法人财产享有占有、使用、收益和依法处置权利，与政府行政部门不再是行政隶属关系。

2. 权责明确

权责明确是指企业股东所有者权益与企业法人财产之间，其职责权限的边界非常清楚。在现代企业中，出资者与企业承担的责任是一种有限的责任，即在企业破产清算时，出资者对投入企业的出资额及其企业的收益承担经济责任，不涉及出资者的其他资产。企业以其全部法人财产为限，对其债务承担有限的责任，对日常主要经营活动中的亏损进行补偿，实现企业自负盈亏，同时又对国家照章纳税，对出资者的资产承担保值增值的责任。就权利而言，股东对企业投资后，不能任意直接干预企业的正常生产经营活动，更不能直接支配投入企业中的那部分属于股东的权益。股东可依法对企业的重大经营目标和方向进行决策，依法对企业的经营者做出选择等。企业权利是企业有权运用企业全部法人财产自己经营，任何人不得对企业的日常生产经营活动进行干预；有权对企业生产经营活动进行统一指挥、考核奖励等。

3. 政企分开

政企分开是指政府作为国有企业的出资人的职能与政府社会经济活动监管者的行政职能必须分开，政府与企业的职能应当非常明确。政府对企业进行管理，主要体现出政府的社会经济管理职能，应该主要运用经济、法律手段，辅之以必要的行政手段，对企业进行间接管理，如运用利率、汇率、税率等宏观调控手段，通过市场发出信号去影响企业；企业通过这些信号去安排自己的产、供、销活动，市场成为政府与企业之间的中介层，政府不能越过中介层直接去干预企业，企业也不能越过市场直接去找政府。只有这样，才能做到真正意义上的政企分开。

4. 管理科学

管理科学是指企业作为独立的法人，必须通过一整套适应市场的科学管理制度与科学规范的组织管理体制来管理企业。现代企业制度所要求的科学管理，就是要求企业能够按照市场经济中的价值规律、供求规律、竞争规律和适用于社会化大生产的各种科学规律去组织、领导和管理企业。同时企业还必须建立一套科学规范的组织管理体制，这套体制也被称为法人治理结构，共分为三个层次：一是股东会，二是董事会和监事会，三是经理层。股东会是企业的权力机构，董事会是企业的决策机构，监事会是企业的监督机构，经理层是企业的执行机构。在同一个公司内部，这三个层次的职责边界十分清楚，各司其职，各负其责，互相平衡，使企业形成一种非常合理的运作模式。

三、现代企业制度的基本内容

1. 现代企业法人制度

现代企业的法人制度是指出资人构造出企业法人后，企业就依法获得了包括出资人投资形成的全部法人财产权，成为以其全部法人财产进行自主经营，自负盈亏的经济实体。包括国家在内的出资人将资产注入企业后，就丧失了对资产的直接支配权利，不能直接干预企业日常的生产经营活动。企业的生产经营交由具有知识和技能的管理人才，由他们代为管理企业。出资人只是以所有者的身份，依法享有资产收益、重大决策、选择管理者、制定公司章程等权利。因此，现代企业的法人制度，即通过赋予企业或有关组织法律上的独立人格，使其独立承担民事责任，享有民主权利，还包括赋予企业法人地位的各项法律及规定。

2. 现代企业产权制度

现代企业产权制度是把民法上所称的经济学意义上的所有权分解为出资者的最终所有权（或称终极所有权）和企业法人财产权（或称财产所有权）两部分，企业的出资者或投资者对其所投入的资产享有最终的所有权，而企业对所有出资者投入到企业中的资产整体享有法人财产权。在此制度下出资者的最终所有权就退化为股权，投资者只能以股东身份依法享有相应的权利，而不能对资产中最终属于自己的那一部分资产进行自由支配，只能运用股东的权利影响企业的行为，不能直接干预企业的经营活动。而企业的法人享有对法人财产的占有权、支配权、使用权和处置权。

3. 现代企业组织制度

现代企业组织制度的典型形式是公司制企业，它有两个基本原则，即企业法人财产与经营权分离的原则以及企业的决策权、执行权和监督权分立的原则，由此形成了股东会、董事会、监事会并存的现代企业法人治理结构。在这种结构中，股东会对董事会是一种委托代理关系，董事会对总经理是一种授权经营关系，而监事会则代表股东和职工对法人财产的受托人（董事会和总经理）实行监督。他们也有各自不同的职权，由此形成了一个既相互制约、又相互协调的现代企业治理结构。

4. 现代企业人事管理制度

现代企业的人事管理制度主要体现在用工和分配制度上，即打破企业内部管理人员和工人的界限，实行全员劳动合同制度，进行双向选择，企业可以聘用员工（包括经理人员），也可以辞退员工，即企业内部的任何员工都没有“铁饭碗”，每个人都面临着“如果今天工作不努力，则明天努力找工作”的情形。按照效率优先、兼顾公平的原则，制定不同的分配方法，企业自己决定工资资金分配，对于重要人员，如总经理、科技人员等，可以运用股票期权等奖励他们，使企业能够留住关键人才。

5. 现代企业会计制度

现代企业的会计制度具有国际通用规范，主要包括通用的会计要素、通用的会计恒等式、通用的会计原则、通用的会计符号、通用的会计报表、通用的会计核算与分析方法。它不仅用于企业盈亏的核算，同时又是企业财务管理的重要工具。

6. 现代企业信息管理制度

现代企业信息管理制度要求运用计算机并构成网络，使企业内部信息和外部信息能够顺畅流通，从而使企业的管理效率得到极大的提高，企业的生产经营活动得以协调进行。

7. 现代企业战略管理制度

现代企业从事的工作非常复杂，只有从战略高度对企业进行管理，才能使企业得以长期的发展。我国加入 WTO 后，企业直接面对国际竞争，企业不仅要在国内站稳脚，还要走出去，实行跨国经营，如缺乏有效的战略管理制度，必将使企业步履艰难，甚至难以生存下去。

四、现代企业制度的基本形式

现代企业制度需要通过一定的组织形式来体现，法人公司制是现代企业制度的基本形式。

1. 法人公司制的作用

（1）能够筹集大量资金。随着社会经济的发展和科学技术的进步，创办和经营一家企业所需的资金越来越多，而个人的资金一般有限，即使多人合伙也难以提供这么多的资金，况且，由于现代市场竞争日益激烈，企业经营风险越来越大，独资和合伙企业难以承担。而公司制企业具有责任的有限性、所有权的可转移性、所有权与经营权的分离性、企业寿命的长期性等许多优点，对投资者有极强的吸引力，能够调动投资者的积极性，实现巨量资金的迅速集中。

（2）能够优化社会资源的配置。在公司制下，企业的产权明晰，且产权具有商品化、货币化、证券化的特点，无论是股东的股权或是法人的产权，都可以在市场上实现转让和买卖。在价格机制的引导下，资本流向经营效率高、经济效益好的行业和企业，从而促进社会资源的优化配置。

（3）能够促进科学技术的研究和科技成果的转化。公司制加快了企业的发展，加剧了企业间的竞争，迫使企业加大科学技术研究的投入、加快产品开发的力度、加速科技成果的转化，从而保证企业健康稳定的发展。

（4）能够不断地提高企业的管理水平。公司制实现了所有权与经营权的分离，使那些具有管理才能的人才担当企业管理的重任，给他们充分施展才能的空间；公司制的组织制度实现了股东大会、董事会、监事会之间职责分明、三权分立，使他们既相互制约又相互促进，激发了企业的活力和动力；公司制的管理科学化，使企业的管理机制和管理制度得到不断发展和完善，这些都将不断地促进企业管理水平的提高。

2. 公司的主要形式

依据不同的分类标准，公司有不同的分类，主要分为有限责任公司和股份有限公司。我国《公司法》中，也规定了这两种公司的组织形式。

(1) 有限责任公司

有限责任公司是指依据《公司法》由全体股东共同出资设立的，每个股东以其出资额为限对公司承担责任，公司以其全部资产对公司债务承担责任的企业法人。

1）有限责任公司的法律特征

①有限责任公司的股东人数有限制。关于有限责任公司股东的人数，由于这种公司属于人合兼资合的公司，各国都根据这一特点规定了股东的人数。我国《公司法》规定有限责任公司由 50 个以下股东出资设立。

②有限责任公司的股东仅负有限责任。有限责任公司的性质决定了公司以其全部资产对公司债务承担责任，股东以出资额为限对公司承担责任，对公司和债权人不负直接责任。

③有限责任公司的注册资本有限制。注册资本最低限额为人民币 3 万元。

④有限责任公司的股东可以是自然人、法人或政府。作为自然人，无论有行为能力还是无行为能力（无行为能力的人经法定代理人或监护人同意）都可以成为有限责任公司的股东。法人作为有限责任公司的股东，地位与自然人相同，政府也可以作为有限责任公司股东。依照我国《公司法》的规定，国有企业可以改组为有限责任公司，国家也可以授权投资机构单独出资设立有限责任公司。

⑤有限责任公司不公开发行股票。股东出资由公司开具权利证书，这种证书称为出资证明，以此证明股东出资的情况。出资证明不同于股票，不能在证券市场上买卖，是一种权利证书；股票是一种有价证券，可以在证券市场上买卖。

⑥有限责任公司的股东出资转让要受到限制。有限责任公司这种设立方式主要不是以筹集资本为目的，它具有人合性质，公司股东与公司的联系较股份有限公司密切，股东出资的转让要涉及其他股东的利益。所以股东出资转让有一定限制，必经法定程序，并在公司登记方为有效。我国《公司法》规定股东之间可以相互转让其全部或部分出资，股东向股东以外的人转让其出资时，必须经过全体股东过半数同意，不同意转让的股东应当购买该转让的出资，如果不购买该转让的出资，视为同意转让。经股东同意转让的出资，在同等条件下，其他股东对该出资有优先购买权。

⑦有限责任公司的设立程序比较简单。由一人或者数人发起，公司成立时，股东缴足出资即可，不向外发行股票，从而不涉及公众的利益，也不要求公告等。

2）有限责任公司的组织结构

有限责任公司的组织结构比较严密、合理，与股份有限公司也较为类似。有限责任公司主要由股东会、董事会、监事会、经理层这几个机构组成，其中股东会是最高权力机构，决定公司的一切重大经营事项；董事会是公司经营管理的决策机构；经理是董事会聘任的主持公司日常经营管理的工作人员，经理层是负责执行董事会决议以及日常经营事务管理的机构；监事会是公司经营活动的监督机构。在股东人数较少的有限责任公司，可以不设立监事会，股东会和董事会也可以只选择设立其中之一，由其来行使对公司管理的权利。

3）有限责任公司的优缺点

①组建相对容易。有限责任公司设立程序简单，不公开发行股票，股东人数有限，内外关系也不复杂，因此容易组建。

②股东责任有限，风险分担，所以容易吸引投资者。

③股东人数较少，股东间比较熟悉，容易沟通协调，管理相对简单。

④由于债务责任有限，故其信用程度不是很高，且有可能助长股东的投机心理，用较小的资本冒较大的风险。

⑤因股东转让股权须经其他股东的同意，故股权转让比较困难。

（2）股份有限公司

股份有限公司是指依法成立的，其全部资本分为等额股份，通过发行股票筹集公司资本，股东以其所持股份为限对公司承担责任，公司以其全部资产对公司债务承担责任的企业法人。

1）股份有限公司的法律特征

①股份有限公司是典型的企业法人。一方面，现代意义上完整的公司概念和法人概念是随着股份有限公司的产生和发展而建立起来的；另一方面，股份有限公司完备的组织机构、完全独立的财产及其责任最充分地表现了法人组织所具有的法律特征，各国法律一致承认其法人资格。

②股份有限公司的资本分为等额股份。公司资本平均分为若干股份，每股相等金额，股份是构成全部资本的计量单位，股东权利的大小以持有股份的多少为依据。

③股东人数必须达到法定人数，有下限但没有上限。依照我国《公司法》的规定，股份有限公司的发起人人数应当为 2 人以上 200 人以下。由于股份有限公司的功能之一是向社会募集资本，社会公众只要承认其章程，购买其股份，均可成为其股东，因此股东人数没有上限。

④典型的资合公司。股份有限公司的信用基础在于其资本，而不在于股东个人，股东只能以财产出资，而不能以劳务或者信用出资。股东个人的身份、地位、财产状况以及股东之间彼此的关系在法律上并不具有重要性，股东的权利与义务完全取决于所持股份的多少。

⑤可以向社会公开募集股份，股份可以自由转让。股份有限公司可以通过发行股票的方式向社会公众募集资本，除了法律明令禁止某些特定身份的人（如公务员、党政机关领导）外，任何人只要愿意均可以认购公司的股份，成为公司的股东。股东可以通过

出售或者转让股票的方式转让其股份，不受其他股东意志的制约，因此股东也容易变化，不固定。但股票一经卖出，除了减资外，公司一概不允许股东退股，因此公司的资本数额不会因为股东之间转让股票而受到影响。

⑥股份有限公司应当向社会公开其主要经营状况。由于股份有限公司要向社会公开发行股票，而这样会涉及社会公众的利益，社会公众只有对股份有限公司的经营状况有基本了解，才可以凭其真实意志自主决定是否认购公司的股份，从而避免被欺诈或者因为其他未知情的风险所导致的损害，确保交易安全。股份有限公司向社会公开其经营状况的主要表现是在固定的场所设置公司章程及资产负债表、损益表、现金流量表等财务会计报表，供股东查阅，如果向社会公开募集股份还应当在当地主要报纸或全国性报刊上将招股说明书以及上述财会报表予以公告，使社会公众了解其经营状况。

⑦股份有限公司的股东以其所持股份为限对公司承担责任。股份有限公司中股东的出资表现为认购股份时缴纳的股款，因此股东的有限责任就体现为在所认购的股份范围内对公司承担责任。股东所持股价代表的出资额，是股东承担风险的最高限度，无论公司对外负债有多少、亏损额多大，股东所承担的责任仅以认购股份时缴纳的出资为限，也就是说，只要股东认购并缴纳了股款，就不再承担其他债务责任。

⑧设立程序较为复杂。具体表现为所经过的步骤、履行的手续、报批的机构要比其他公司的设立更严格、全面详细。

2）股份有限公司的组织结构

股份有限公司由于规模较大，能向社会筹集资本，对社会经济生活影响较大，因此《公司法》为了保证公司正常经营秩序以及财产安全，规定了较为严密的公司组织结构。股份有限公司根据其特点，其组织机构的设立实行两权分离（所有权与经营权分离）、三权分立（决策权、执行权、监督权分立）的原则。公司设立股东大会、董事会、监事会等机构，其中股东大会为最高权力机关，董事会为执行机关，监事会为监督机关，三者分工负责，相互配合和制约。

一、名词解释

1. 企业
2. 企业管理
3. 现代企业制度

二、简答题

1. 简述企业的基本类型。
2. 简述企业管理的基本任务。
3. 简述现代企业制度的基本特征。

三、案例分析

经理的困惑

BETTER 公司成立之初，公司有正式职员 8 人，都以参股形式作为公司的记名股东。公司注册资金 30 万美元，美籍华人陈先生出资额最大，为法人代表，国内黄先生出资额第二，担任经理。BETTER 公司成立伊始，其业务主要是代理美国 WEICO 公司的分析仪器，负责 WEICO 公司产品在中国的推广并提供零配件及售后服务。WEICO 公司在美国同行中只是一个很小的仪器生产厂家，“但它毕竟是正牌的美国产品，这一点对开拓中国市场很重要”，黄先生在构思 BETTER 公司的未来时经常这么想。

BETTER 公司的人员以工科毕业的本科生及硕士研究生为主，年龄大多在 30 岁左右。凭着这批年富力强的创业者及他们所拥有的技术专业背景优势，BETTER 公司代理的 WEICO 公司分析仪器在国内很快拥有了自己的用户。到 2010 年年底，BETTER 公司就已向国内的制药厂、化工厂及大学实验室销出了几十套分析仪器，公司的营业额突破了 600 万元。

BETTER 公司在中国市场代理 WEICO 公司分析仪器的成功，危及了某些已进入中国市场的国外著名大公司的利益，从而引起了这些大公司的警觉，它们开始考虑采取相应措施。BETTER 公司的进一步发展受到了威胁。“与他们展开正面竞争，由于实力不够，显然不可行。所以，只有在缝隙中求生存的同时，拓宽产品线，为公司创造新的生机。但愿能找到这种机会……”黄先生已经意识到机遇对于 BETTER 公司的成功来说将是非常关键的。

机会终于来了，BETTER 公司的合伙者们决定选择蔬菜水果保鲜技术。他们做出这种选择的依据是，搞绿色食品符合经济发展的大趋势，那么能够为绿色食品中的新鲜、高档蔬菜水果提供保鲜的技术设备，也就一定具有很大的市场潜在发展价值。正是基于上述决定，当某美国商人为推广其设备来华，谈到用 ZN 型保鲜机作为保鲜设备建造保鲜库时，BETTER 公司的合作者们马上感觉到这是一个很好的机遇。一方面，随着人们生活水平的不断提高，需要借助保鲜技术以便常年供应某些高档食品与果蔬；另一方面，引进先进的保鲜设备，通过对其技术的消化吸收，可以开发公司自己的高技术产品，从而实现真正的起飞。因此，各项运作很快就紧锣密鼓地开始了。

2011 年下半年，BETTER 公司的设备安装完毕后，就自己投资以每千克 6 元的价格，先后从某水果基地购进了 3 万多千克高档优质水果，进行保鲜储存试验。这种水果成功地储存了 5 个月，2012 年春节前后以每千克近 20 元的价格在滨海市陆续上市，但市场销售情况并不理想，老百姓不愿花这么高的价钱买这种看似土豆的水果，而高档宾馆、饭店的用量非常有限且有自己的供应渠道。幸亏后来开拓了滨海市邻近地区的巨大市场，才给 BETTER 公司带来了生机，最后公司保鲜储存后的绝大部分高档水果，都以每千克 10 多元的价格卖给了这些邻近地区的批发商。

结果，除去合理的损耗及人工、设备折旧等费用，投入产出基本持平。尽管高档水果的销售未给BETTER公司带来显著的利益，但是出乎意料的是保存这些水果所使用的ZN型保鲜机，却为BETTER公司的发展创造了新的机会。黄先生不无感慨地说："真没想到，它会有那么广的应用领域，真是无心插柳柳成荫啊。"BETTER公司引进的用于保存水果的ZN型保鲜机，与国内现有的其他同类产品相比具有明显的优势，公司利用自身的技术力量，经消化吸收，在此基础上开发了性能更为优越的XM型保鲜机。

1996年下半年，BETTER公司与有关客户签订了第一套XM型保鲜机生产供货合同。借助于公司保鲜试验的现身说法，再加上国家有关部门的支持推广，使得客户对公司设备的先进性有了比较全面的了解。整个市场对食品与果蔬保鲜行业发展前景一致看好，BETTER公司生产的保鲜设备很快就开始在国内市场打开销路，公司的业绩直线上升，完全超出了BETTER公司合伙者们的原先估计。

BETTER公司的成功不仅吸引了国内同行企业的注意，也引起了美、英、法等国同行大公司的关注。一些全球知名的国外生产厂家，陆续开始在国内投资办厂，设立办事机构，试图瓜分中国保鲜设备应用市场。由于生产保鲜设备方面已占了先机，所以，面对这一似乎一触即发的竞争大战，BETTER公司的合伙者们似乎并不十分在意，他们采取了多元化的做法，与其他公司合作将部分利润投向了其他新项目的开发，只是结果并不尽如人意。

此后，随着公司的进一步壮大，合伙者们相互之间对公司未来发展的看法产生了分歧，不信任情绪开始滋生蔓延，合伙者们的创业激情逐渐消退。2013年上半年，当初的合伙者因为种种原因纷纷离开了BETTER公司，他们所持的股份绝大部分都转给了黄先生，黄先生也因此而成为BETTER公司的法人代表。这些从BETTER公司分离出去的人员，陆续成立了一些小公司，采用从BETTER公司学到的技术及销售手段，代理外国公司的保鲜设备产品，也获得了不少供货合同，这对BETTER公司的经营产生了不小的压力。

由于市场竞争，目前BETTER公司所拥有保鲜设备市场份额，已从最高时的90%以上降到了60%左右，并且还有进一步下降的可能。从BETTER公司的内部经营状况来看，员工数量也已从最多时的100余人降到了目前的60余人，公司的生产、销售、财务等部门之间常常为鸡毛蒜皮的小事发生矛盾，要求黄先生亲自出面协调，致使黄先生很难像创业时那样将主要精力集中到公司的重要工作上去。

根据以上情况，回答以下问题：

1. 你认为BETTER公司应该属于什么类型的经济组织？（ ）

A. 业主制　　B. 合伙制　　C. 有限责任公司　　D. 两合公司

2. BETTER公司在决定进入保鲜设备生产领域时，主要出于以下何种考虑？（ ）

A. 在代理WEICO公司分析仪器上取得了成功，从而有实力开展多元化经营

B. 通过引进设备、消化吸收，有可能自行生产并开拓保鲜设备生产领域

C. 由于实力不足，决定回避在分析仪器领域与强大竞争者的正面冲突

D. 绿色食品符合经济发展大趋势，使保鲜设备生产领域发展市场前景良好

3. BETTER公司成立伊始，其业务主要是代理美国WEICO公司的分析仪器，这就是负责WEICO公司的产品在中国的推广并提供零配件及售后服务。WEICO公司在美国同行中只是一个很小的仪器生产厂家，“但它毕竟是正牌的美国产品，这一点对开拓中国市场很重要”。根据这段话，可见黄先生对发展公司所做的设想，包含了以下什么隐含假设？（　　）

A. 中国人更加愿意购买外国的商品

B. 国外的商品比国内的商品具有更高的质量

C. 一国产品的整体形象会影响其中每个企业的产品竞争力

D. 把握短期商机要比把握长期商机更为重要

4. BETTER公司在2012年春节前后推出高档优质水果，在滨海市销售受阻，老百姓不愿花高价去买这种看似土豆的水果；在其邻近地区销售良好。出现这种情况，可能性最大的原因是什么？（　　）

A. 滨海市的消费者对这些水果与邻近地区的消费者具有明显不同的偏好

B. 滨海市消费者的人均收入低，无力购买这种高档水果

C. 这种水果的价值在滨海市尚未被人们理解，BETTER公司应加强市场宣传

D. 这种水果在滨海市的销售价格明显高于在其邻近地区的销售价格

5. BETTER公司目前出现的问题，其可能性最大的原因是什么？（　　）

A. 公司前期经营的成功，引来了众多的竞争对手

B. 公司多元化经营失策，导致元气大伤，从此一蹶不振

C. 黄先生掌握了公司的大多数股份，影响了合伙者的积极性

D. 没有处理好内部管理及合伙者之间的合作关系，致使人心涣散

6. BETTER公司的创业经历说明了什么？（　　）

A. 准确识别创业机会，挑选好的商品是创业成功的最根本的保证

B. 创业容易守业难，抓住机会与练好内功是企业长期发展的根本

C. 在中国，市场充满着机会，要赚钱并不困难

D. 是否碰上好运气，是企业创业成功与否的决定因素

第二章 企业组织

企业组织工作的好坏，直接影响企业人、财、物等资源的科学配置，最终决定决策、战略、计划、目标等的实施和实现情况。因此，在企业的生产经营过程中，组织好企业活动，对人、财、物、时间、空间和信息进行合理配置是首要工作，而这需要科学地认知企业和企业组织的内涵，合理地建立组织结构，充分掌握企业组织设计的原则和方法。

学习目标

- 掌握企业组织的概念
- 理解企业组织的类型
- 理解企业组织设计的任务、原则
- 掌握组织设计的影响因素、内容
- 掌握典型的企业组织结构形式及其优点和缺点

第一节 企业组织概述

一、组织

从词性上讲，组织有两种含义：

一是作为名词，组织是静态的实体，即组织是指为实现某一目标或完成一定任务，按照一定的规则和程序，把所拥有的资源组合在一起，形成的具有一定结构和功能的有机体。

二是作为动词，组织是一个动态的过程，即形成上述有机体的过程。组织作为一种有机体，它具有一定的结构和功能。组织作为一种活动，一方面是要通过组织设计，把所拥有的一切资源组合起来；另一方面是要通过组织活动，确保建立的组织机构与所要建立的组织机构这两者的结构和功能的一致。在资源的组合上，人员的组织是其核心。

组织具有以下职能：

1. 合理确定实现组织目标所需要的活动，并按类别或者性质设立相应的工作岗位。
2. 设计适应组织目标的组织结构。
3. 规定组织关系和明确权力结构。
4. 制定组织规章制度。

二、企业组织

企业组织，对任何企业来说，都是不可缺少的管理形式。根据认识层面的区别，可以分为广义和狭义两种含义。广义上说，企业组织是指企业为了实现共同目标、任务，通过确定职位、职责和职权，协调相互关系，合理传递信息，而将生产经营和要素联结起来，使其成为一个有机整体的一系列活动。狭义上说，企业组织具体到每个企业的管理实际工作中，主要是指对人的组织，包括人员、职位、职责、职权、关系等的有效组织。

> **名人名言**
>
> 为了使人们能为实现目标而有效地工作，就必须设计和维持一种职务结构，这就是组织管理职能的目的。
>
> ——哈罗德·孔茨（美国著名管理学家）
>
> 若拿走我的财产，但留给我这个组织，五年之内，我就会卷土重来。
>
> ——阿尔费雷德·斯隆（原通用汽车总裁）

所以，企业的组织工作，就是根据企业的战略、计划、目标等，按照一定规则和程序把企业拥有的资源组合起来，以实现企业的战略、计划、目标等的活动。由于人是组织工作的核心，因此，在企业的组织工作中，管理体制是企业组织工作的重点。企业组织工作总的目的是确保企业战略、计划、目标的实施和实现；直接目的是建立精干、高效的组织机构，提高组织机构的效率。企业组织工作的基本任务是：通过组织设计，确定相应的组织结构和权责关系；通过调配合适的人员并授予权力，建立组织机构；在组织机构运转过程中，不断调整组织机构，确保组织机构适应企业战略、计划、目标的要求并高效运转。

三、组织的分类

组织有着不同的类别，按照组织的性质可以分为经济组织、政治组织、文化组织、群众组织、宗教组织等；按照组织的形成方式可以分为正式组织和非正式组织。以下主要对正式组织和非正式组织予以介绍。

1. 正式组织

正式组织是为了实现一定的目标并按照一定的程序建立起来的且具有明确职能结构的组织。这种组织对个人而言，具有强制性。正式组织的活动以成本和效率为主要标准，要求组织成员为了提高活动效率和降低成本而确保形式上的合作，并借助对他们的活动表现予以正式的物质和精神的奖励或惩罚来引导和纠正行为建设。

2. **非正式组织**

非正式组织是人们在共同工作或生活中由于抱有共同的社会感情或爱好，以共同的利益和需要为基础自发形成的团体。非正式组织主要以感情和融洽的关系作为标准。它要求成员们遵守共同的、不成文的行为规则。无论这些行为是如何形成的，非正式组织都有能力迫使其成员自觉或不自觉地遵守。而针对自觉遵守和维护规范的成员们，非正式组织会予以欢迎、赞许和鼓励，而针对不愿就范或犯规的成员们，非正式组织会通过讥讽、嘲笑、孤立等手段进行惩罚。

第二节　企业组织设计

企业组织就是构成企业各要素的排列组合方式，也就是企业组织中各部门及各层次之间所建立的一种人与人、人与事的相互关系，它是人们实现企业组织目标的手段。一个企业能否顺利地实现其目标，能否促使企业组织成员在实现企业目标的过程中做出贡献，在很大程度上取决于企业组织的完善程度。因此，企业组织设计就成为企业组织工作中的关键一环。

一、企业组织设计的任务

企业组织设计的基本任务是提供组织结构系统图和编制职务说明书。企业组织结构系统图表明了各种管理职务或部门在企业组织结构中的地位以及它们之间的相互关系；职务说明书则简单而明确地指出该管理职务的工作内容、职责与权利、与组织中其他部门和职务的关系，要求担任该项职务者所必须具备的基本素质、技术知识、工作经验、处理问题的能力等条件。为了提供上述两种组织设计的最终成果，组织设计者要完成以下三个步骤的工作：职务设计与分析、部门划分、组织结构的形成。

二、企业组织设计的原则

尽管组织结构的具体形式因不同的环境条件而异，但任何组织在进行结构设计时都要遵守一定的原则。这些应遵守的原则是：

1. **因事设职和因人设职相结合的原则**

一方面，组织设计的根本目的是保证组织目标的实现，是使目标活动的每项内容都落实到具体的岗位和部门，使“事事有人做”，这就要求要因事设职，保证工作的完成；另一方面，在组织设计的过程中又必须重视人的因素，这是因为：首先，组织设计的目的不仅是要保证“事事有人做”，而且要保证有能力的人有机会去做他们真正胜任的工作；其次，组织中各部门、各岗位的工作最终是要人去完成的，在进行组织设计时不能不考虑到组织内外现有人力资源的特点；最后，任何组织首先是人的集合，而不是事和物的集合，为社会培养各种合格的人才是所有社会组织不可推卸的责任。因此，组织设计必须有利于人的能力的提高，有利于人的发展，即必须考虑到人的因素。

2. 权责对等的原则

它是指职权与职责必须对称或相等。在进行组织设计时，既要明确每一部门的职责范围，又要赋予完成其职责所必需的权利，二者必须协调一致。只有责任，没有职权或权限太小，则必然束缚其积极性和主动性；相反，只有职权而无任何责任，或责任小于职权，就会导致滥用职权。

3. 统一指挥原则

组织的各级机构以及个人必须服从一个上级的命令和指挥，只有这样才能保证命令和指挥的统一，避免多头领导和多头指挥，使最高管理部门的决策得以贯彻执行。

4. 管理幅度原则

高层从事的是决策性的工作，管理幅度要小些；基层从事的是日常的、重复的工作，管理幅度要大些。技术性高的工作，管理幅度要小些；工作简单、技术性低的工作，管理幅度要大些。职能机构健全，管理幅度大些；反之，管理幅度要小些。

根据我国企业经营管理的实际情况，企业一般采取三个层次，高层—中层（车间、职能部门）—基层，大型企业可采取四个层次，小型企业可采用两个层次。在管理幅度方面，一般采用层次越高幅度越小的经验。目前我国大多数企业的管理幅度是：高层为5～8人，中层为8～15人，基层为15人以上。

5. 精简与效率原则

精简与效率是组织管理的重要原则。组织部门和岗位的设置力求精干，要因事设职，因职设人。精干才能有高效率，才能节约管理费用。

6. 集权和分权相结合的原则

现代企业内部管理结构设置应该保证集权和分权相结合。集权是把较多的和较重要的经营管理权责集中于企业高层组织，分权是把较多的和较不重要的经营管理权责分散下放到企业的中下层中去。该集中的权力要集中，该分散的权力要充分放权，使各级管理层次在规定的职责范围之内，根据实际情况迅速而正确地做出决策。这不仅有利于高层领导摆脱日常事务，集中精力处理重大经营问题，而且有利于调动下级人员的主动性和积极性。

案例链接　　鸿业集团的组织设计

鸿业集团是以自筹资金10万元的乡镇企业——鸿业铜厂起家，经历十几年的艰苦经营，目前已发展成为一个拥有亿元资产，下属3家企业的综合性铜冶炼和加工的企业集团。

虽然公司正常运行，效益还可以。但公司董事长兼总经理王董却隐约感到公司到了生死攸关的嬗变阶段。许多问题不如以前得心应手，潜在的危机越来越大。王董感觉自己太累了，每天签审公司上下报账的财务票据就要花费 2 个小时，公司其他的事情几乎都要他来拍板，总有做不完的事情。他平均每天只能睡 4 个小时，最近 2 次几乎晕倒在办公室。因此，他请来了高级人力资源顾问杨教授，讨教治理公司的药方。

交谈中，王董剖白自己的心迹：外边的人总认为我在公司绝对权威，但个人感觉控制公司越来越难。当杨教授了解到采购员的差旅费都要王董亲自签名，不禁惊讶地问道："其他副总和部门负责人怎么不分忧？不分权如何治理这种大型企业？"王董解释道："我也知道要分权，曾经奉行'用人不疑'原则放权，教训深刻。当时贸易公司的经理用假提单卷走了 980 万元，至今下落不明，只得集权。如今越来越累，不是长久之计，该怎么办？请专家帮助策划。"

问题：

1. 为何王董感觉控制公司越来越困难？

2. 王董放权失败的原因是什么？

3. 如果你是杨教授，如何帮助王董放权成功？

三、企业组织设计的影响因素

1. 企业经营战略

企业经营战略是企业组织结构设计的一个重要变量，企业组织结构必须服从企业组织所选择的战略的要求。如从企业经营领域的宽窄来分，企业经营战略可区分为单一经营战略及多种经营战略。它们要求不同的组织结构。对单一经营战略而言，企业经营范围只局限于某一行业或某一行业内的某种产品，因此，同这种战略相适应的组织机构通常是集权的职能制。另外，组织战略的变化和调整，会引起组织部门和职位以及相互关系的变化。

2. 组织环境

组织环境一般包括政治、经济、文化和社会环境，也包括组织所处的具体的竞争环境，包括竞争对手、顾客、资金、供应商等要素。组织环境的不确定性是影响组织设计的重要因素。一般来讲，组织环境简单稳定，组织机构设计比较固定、部门较少，即刚性结构；组织环境复杂多变，组织结构设计比较灵活、部门较多，即柔性结构。

3. 技术

技术以及技术设备的水平不仅影响组织活动的效果和效率，而且会对组织活动内容的划分、职务的设置以及工作人员素质要求等产生很大的影响。技术对组织结构的影响，应当从不同层次加以分析。一是整个企业的技术特点对组织结构的影响；二是企业内部部门的技术特点对组织结构的影响。一个企业中的不同部门，可能使用不同的技术，特别是现代的大型企业更是如此。

4. 组织发展阶段

组织发展一般分为创业阶段、职能扩展阶段、分权阶段、参谋职能激增阶段、协调和规范阶段。在组织发展的不同阶段，组织设计的要求有所不同。创业阶段，规模较小、任务职能比较简单，组织结构比较简单；职能扩展和分权阶段，职能逐步复杂化，组织结构逐步专业化和正规化；参谋职能激增阶段，组织职能、职位和权力复杂化，对组织设计提出新的要求；协调和规范阶段，面对组织的复杂化问题，要求管理者对组织进行再设计。

四、组织设计的内容

组织设计的实质是通过对管理劳动的分工，将不同的管理人员安排在不同的管理岗位和部门，通过他们在特定环境、特定相互关系中的管理活动来使整个管理系统有机地运转起来。管理劳动的分工包括两个方面：一是横向的分工，即根据不同的标准，将管理劳动分解成不同岗位和部门的任务。其结果是部门的设置，或组织的部门化。二是纵向的分工，即根据管理幅度的限制，确定管理系统的层次，并根据管理层次在管理系统中的位置，规定各层次管理人员的职责和权限。其结果是责任分配基础上的管理决策权限的相对集中或分散。

所谓组织结构设计，就是把为实现组织目标而需完成的工作，不断划分为若干性质不同的业务工作，然后再把这些工作“组合”成若干部门，并规定各部门的职责和职权。总之，组织结构的设计就是对组织内的层次、部门和职权进行合理的划分。合理的组织结构设计就是要正确地处理下述四个问题：一是管理层次的划分，二是部门的划分，三是职权的划分，四是人员配备。

1. 管理层次与管理幅度

（1）管理幅度。任何一个组织的最高主管，由于受到时间、精力等诸多因素的限制，能够直接有效地指挥和监督下属的数量总是有限的。这个被直接领导的下属数量称作管理幅度。当超过一定限度时，管理的效率就会随之下降。因此，主管人员要想有效地领导下属，就必须认真考虑究竟能直接管理多少下属的问题，即管理幅度问题。

（2）管理幅度与管理层次。管理层次受到组织规模和管理幅度的影响。它与组织规模成正比：组织规模越大，所包括的成员越多，则层次就越多。在组织规模一定的条件下，它与管理幅度成反比：主管所能控制的下属越多，管理层次就越少；相反，管理幅度减少，则管理层次增加。

如图 2—1 所示，经理甲的管理幅度为 3；中层领导乙的管理幅度为 5，丙为 7，丁为 8。公司的管理层次为 3。

（3）扁平结构与锥形结构。管理层次与管理幅度的反比关系决定了两种基本的组织结构形态：扁平结构形态与锥形结构形态。

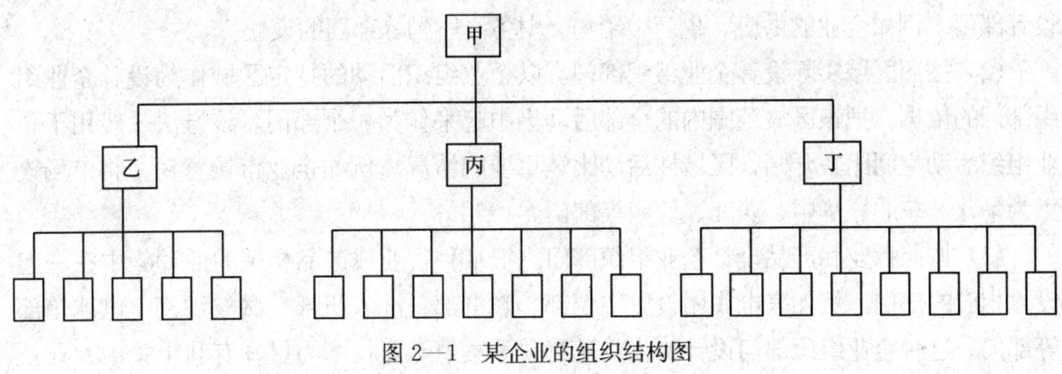

图 2—1 某企业的组织结构图

扁平结构是指管理层次少而管理幅度大的一种组织结构形态。其优点是：有利于缩短上下级距离、密切上下级关系，信息纵向流通快，管理费用低，而且由于管理幅度较大，被管理者有较大的自主性、积极性和满足感；但是由于不能严密地监督下级，上下级协调较差，管理幅度的加大，也增加了同级间相互沟通的难度。

锥形结构又称直式结构，是指管理层次较多而管理幅度较小的高、尖、细的金字塔形组织结构形态。其具有管理严密、分工明确，下级易于协调的优点；但由于经过的层次太多，可能使信息在传递过程中失真。同时，过多的管理层次，也会影响下级人员的积极性，并使计划的控制工作变得复杂化。

(4) 管理幅度设计。综合和发扬两种基本组织形态的优点，要求确定合理的管理层次和管理幅度。由于管理层次的多少取决于管理幅度的大小，因此后者便成了矛盾的主要方面。有效的管理幅度受到诸多因素的影响，主要有管理者与被管理者的工作能力、工作内容、工作环境与工作条件四个方面。

1) 工作能力。管理者与被管理者的工作能力强，管理幅度便可以适当放宽，管理层次就能够适当减少。

2) 工作内容和性质。主管人员所处的管理层次越高，决策的工作量就越大，用于指导协调下属的时间就越少，其管理幅度就越小；下属工作的相似性越大、计划越完善、非管理性工作越少，则管理幅度就可以适当加大。

3) 工作条件。主管人员的助手配备情况越好，掌握信息的手段越先进，不同下属工作岗位的分布越接近，则主管人员的管理幅度就可越大。

4) 工作环境。工作环境越不稳定，各层主管人员的管理幅度就越受限制。

2. 企业组织部门设计

企业组织部门是承担具体的专门性的企业组织职能的构成单位。企业组织部门设计主要是确定和划分企业组织的不同部门，并确定这些部门之间的关系。确定和划分企业组织的部门，可以根据企业组织任务和职能实现的实际需要，确定不同的标准、角度和方法，通常的标准和方法有：

(1) 按照职能设计企业组织部门。就是按照业务性质或内容相同（或相似）的职能设计部门，例如企业的供应、生产、销售、财务、后勤等部门的设立。

（2）按照区域实际设计企业组织部门。以企业组织活动的特定区域作为设计企业组织部门的依据，把该区域范围内的全部活动集中起来作为一个部门。该方法一般用于企业组织活动空间比较开阔，区域性活动比较重要的情况。例如企业市场营销，将市场设立为华北、东北、华中、西北、西南等部门。

（3）按照行业和产品设计企业组织部门。把某种行业或产品相关的活动集中在一起设立相应的部门。例如家电集团设立空调部、彩电部、洗衣机部、微波炉部、电冰箱部等部门。这种企业组织部门设计的优点是有利于集中专业技术力量，有利于集中专业技术设备，有利于特定产品的提高和发展；缺点是行业性划分会形成和助长行业的独立性，造成企业组织协调的困难。

（4）按照服务对象设计企业组织部门。以企业组织活动的服务对象为依据划分和设计企业组织部门。例如企业组织中的儿童用品部、妇女用品部、老年人用品部。

（5）按照企业组织的作用差异设计企业组织部门。不同的部门对于企业组织总体目标的实现作用不同，按照作用的差异设计企业组织部门。例如企业组织可以分为成果性业务部门、支持性事务部门、管理性部门、后勤保障部门等。

案例链接　　某生产型企业内部组织结构及各部门职责

一个典型的生产型企业的组织结构如图 2—2 所示。该企业董事会下设总经理职位，统辖生产部、市场部、采购供应部、财务部、研发部五个基本部门。在这个组织机构中，包含了企业从生产到运营的整个生产环节及相关的管理部门。不同类型的企业，其内部组织结构不尽相同，各部门职责也不一致，下面以股份有限责任公司为例介绍企业内部主要部门职责。

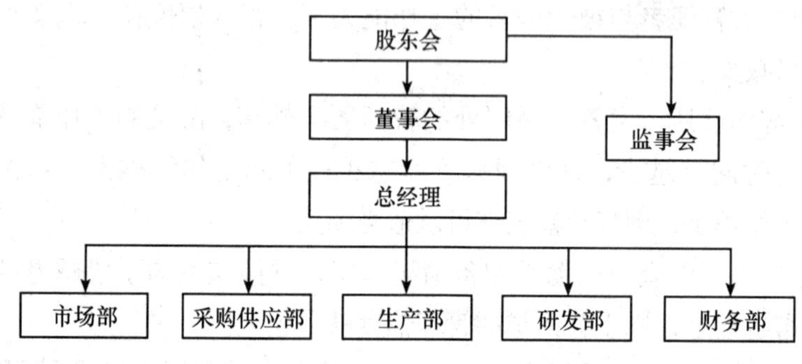

图 2—2　某生产型企业的组织结构图

1. 董事会职责

（1）负责召集股东会，执行股东会决议并向股东会报告工作。

（2）决定公司的生产经营计划和投资方案。

（3）决定公司内部管理机构的设置。

（4）批准公司的基本管理制度。

(5) 听取总经理的工作报告并做出决议。

(6) 制订公司年度财务预、决算方案和利润分配方案、弥补亏损方案。

(7) 对公司增加或减少注册资本、分立、合并、终止和清算等重大事项提出方案。

(8) 聘任或解聘公司总经理、副总经理、财务部门负责人，并决定其奖惩。

2. 总经理职责

(1) 主持公司的生产经营管理工作，并向董事会报告工作。

(2) 组织实施董事会决议、公司年度计划和投资方案。

(3) 拟订公司内部管理机构设置方案。

(4) 拟订公司的基本管理制度。

(5) 制订公司的具体规章。

(6) 提请董事会聘任或者解聘公司副总经理、总会计师。

(7) 聘任或者解聘除应由董事会聘任或者解聘以外的管理人员。

(8) 拟定公司职工的工资、福利、奖惩制度，决定公司职工的聘用和解聘。

(9) 提议召开董事会临时会议。

(10) 在董事会授权范围内决定单项金额不超过公司最近一期经审计的净资产值的2%且500万元以下的投资方案、代表公司处理业务和签署经济合同。董事会特别授权除外。

(11) 公司章程或董事会授予的其他职权。

3. 生产部职责

(1) 坚决服从指挥，认真执行工作指令，一切管理行为向主管领导负责。

(2) 严格执行公司规章制度，认真履行其工作职责。

(3) 组织生产、设备、安全、环保等制度拟订、检查、监督、控制及执行。

(4) 负责编制年、季、月度作业、设备维修，及时组织实施、检查、协调、考核。

(5) 负责设计工厂的改造计划、设计工厂的产品布局和工序间的协调。

(6) 密切配合营销部门，确保产品合同的履行。

(7) 配合组织审定技术管理标准，编制生产工艺流程，审核新产品开发方案，并组织试生产，不断提高产品的市场竞争力。

(8) 负责抓好生产安全教育，加强安全生产的控制、实施，严格执行安全法规、生产操作规程，即时监督检查，确保安全生产，杜绝重大火灾、设备、人身伤亡事故的发生。

(9) 负责组织生产现场管理工作，重视环境保护工作，抓好劳动防护管理和制订环保措施计划。

(10) 及时编制年、季、月度生产统计报表。认真做好生产统计核算基础管理工作，重视原始记录、台账、统计报表管理工作，确保统计核算规范化、统计数据的正确性。

(11) 抓好生产统计，分析报告因素。定期进行生产统计分析、经济活动分析报告会，总结经验、找出存在的问题，提出改进工作的意见和建议，为公司领导决策提供专题分析报告或综合分析资料。

（12）负责做好生产设备、计量器具维护检修工作。结合生产任务，合理地安排生产设备、计量器具计划，确保设备维护保修所需的正常时间。

（13）负责做好生产调度管理工作。强化调度管理、严肃调度纪律，提高调度人员生产专业知识和业务管理水平，平衡综合生产能力，合理安排生产作业时间，平衡用电，节约能源。

（14）抓好生产管理人员的专业培训工作。负责组织生产调度员、设备管理员、统计员、计划员及车间级管理人员的业务指导和培训工作，并对其业务水平和工作能力定期检查、考核、评比。

（15）负责拟定本部门目标、工作计划。组织实施、检查监督及控制。

3. 组织职权

职权是指职务范围内的管理权限。企业组织的职权是为企业成员正式规定的权力。管理者依靠这个权力，可以指挥别人，采取行动，来实现企业组织的目标。反过来，主管人员要想率领下属人员去完成某项工作，也必须拥有包括命令、指挥在内的各种必备的权力。企业组织职权的规定，是企业组织机构的核心内容。只有明确地规定职权，才能把已经分工的组织部门和组织层次连接为一个组织整体，才能使已经决定的管理跨度获得最佳的组织效果，从而达到组织结构设计的目的。

职权设计就是全面、正确地处理企业上下级之间和同级之间的职权关系，将不同类型的职权合理分配到各个层次和部门，明确规定各部门、各种职务的具体职权，建立起集中统一、上下左右协调配合的职权结构。它旨在保证各部门真正能够履行相应的职责，实现组织的协调一致。因此，组织的职权安排也是一项重要的组织设计工作。

4. 人员配备

组织设计仅仅是为组织的运行提供了可供依托的框架，而框架要发挥作用，还需依赖于人的操作。因此，在设计了合理的组织结构以后，还需为之配备合适的人员。人员配备是组织结构设计的直接延伸。

（1）人员配备的含义。人员配备就是为每个工作岗位配备适当的人员，即根据组织结构中所规定的职务的数量和要求，配备合适的人员去担当组织中的各项职务，以保证组织活动的正常运行，进而实现组织的既定目标。

（2）人员配备的任务。人员配备的任务可以从组织和个人这两个不同的角度来考察。一是从组织的角度看，人员配备的任务在于通过人员配备使组织系统开始运转，为组织发展准备干部力量，维护组织成员对组织的忠诚。二是从组织成员的角度看，为了使组织成员自觉、积极地为组织努力工作，在人员配备中必须做到以下两点：通过人员配备，使每个人的知识和能力得到公正的评价、承认和运用；使每个人的知识和能力不断发展，素质不断提高。

(3) 人员配备的工作内容和原则。为了完成上述任务，在人员配备过程中要进行下述工作：一是确定人员需要量，主要以组织设计中确定的职务数量和类型为依据；二是选配人员，即根据组织中不同职务和岗位对工作人员的知识、素质和技能的要求，选拔配备合适的人员；三是制订和实施人员培训计划，不断充实组织人员的知识，提高其素质和技能。

在人员配备过程中，必须遵循一定的原则，最主要的是因事择人的原则、因才使用的原则、人事动态平衡的原则。

(4) 人员配备的重要性。组织活动的进行，组织目标的实现，无一不是由人所决定的。因此，人员配备在任何组织中都是一项非常重要的工作，主要表现在：一是人员配备是组织有效活动的保证，二是人员配备是做好其他管理工作的关键和基础，三是人员配备是组织发展的准备。

第三节　企业组织结构

企业组织结构是指企业组织内各个部门的空间位置、排列顺序、连接形式以及各要素之间相互关系的一种模式。它是企业得以存在的必要条件，是企业完成企业任务、实现企业目标的组织保证。

在企业组织发展的过程中，具有典型意义的企业组织结构形式主要有以下四种：

一、直线制

直线制企业组织结构是最简单的企业组织结构形式。在这种企业组织结构形式中，企业组织职位按照垂直系统直线排列，各级主管对自己的下级拥有直接的一切职权，职权和命令从上而下直线纵向贯穿于企业组织之中，具体形式如图 2—3 所示。

这种组织结构的优点是结构简单，权责明确，领导从属关系简单，命令与指挥统一，上呈下达准确，解决问题迅速；缺点是由于结构简单，没有职能部门，最高主管事必躬亲，对领导的技能要求高。

这种企业组织结构仅适用于规模小的企业组织，比如个人业主制企业、合伙制企业、创业初期的企业等。

二、职能制

职能制企业组织结构是根据职能划分部门，并由此建立企业组织领导和指挥关系的企业组织结构，具体形式如图 2—4 所示。

该组织结构的优点是促进管理专业化分工，解决了管理人员的品质技能与管理任务

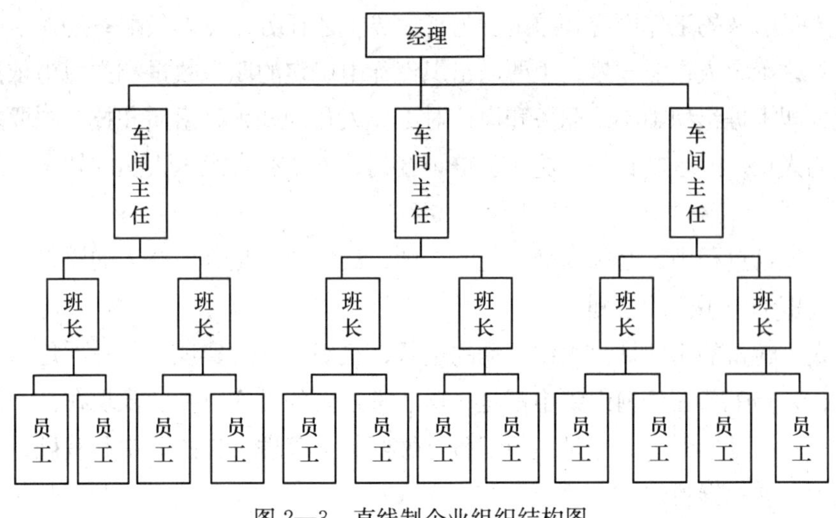

图 2—3　直线制企业组织结构图

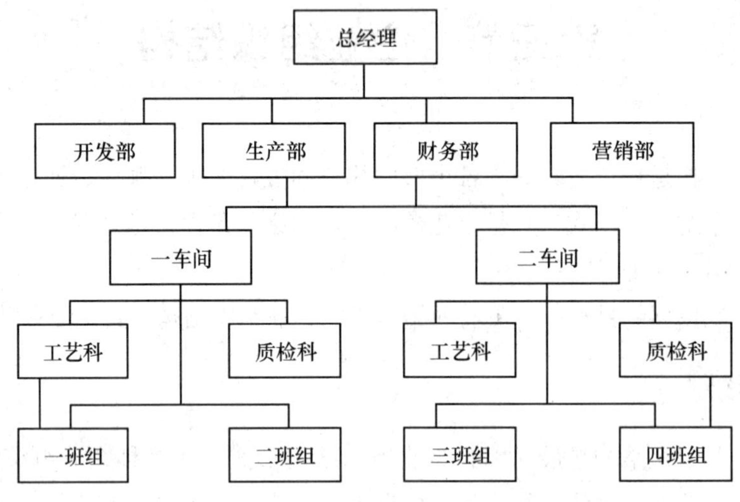

图 2—4　职能制企业组织结构图

不相适应的矛盾，使决策者从日常烦琐的业务中解脱出来，集中精力思考重大问题，提高管理效果和效率；缺点是该企业组织结构存在职能部门和参谋部门相互争权，职能系统和直线系统职权不清，参谋部门职权越位的可能性，同时，这种企业组织结构也使下级单位缺乏必要的自主性。

这种企业组织形式主要适宜成长过程中具有一定规模的企业组织，如公司制企业。

三、事业部制

事业部制企业组织结构，是以企业组织的产品、地域或服务对象等为基础，把企业组织划分为若干事业部而形成的企业组织结构。事业部制企业组织结构是一种分权制的企业组织结构形式，它所划分的事业部具有很大的权力，企业组织最高领导除保留人事管理、财务控制、企业组织监督等权力以外，把很大的权力下放到事业部。事业部由事业部部长负责，进行独立的业务活动和独立核算，并设有自己的职能部门。因此，事业部是企业组织最高权力下设置的具有半独立性质的管理部门，具体形式如图 2—5 所示。

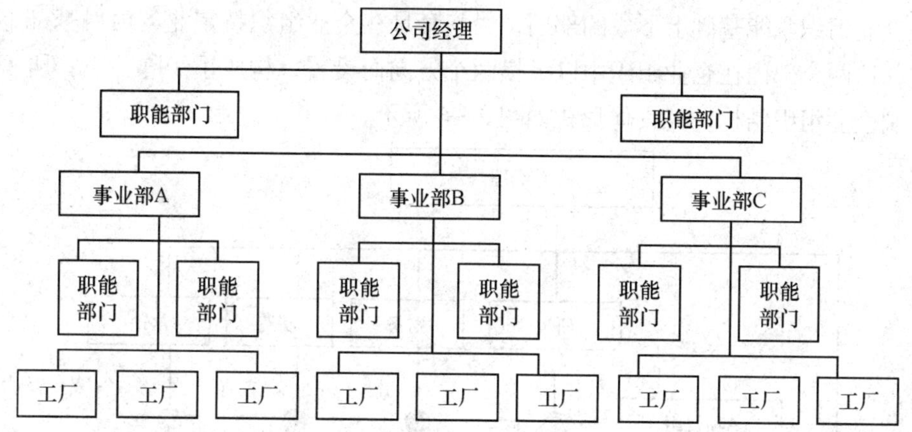

图 2—5 事业部制企业组织结构图

该组织结构的优点是可以使最高管理部门摆脱日常的行政事务，集中精力于企业组织的战略问题和决策，可以使事业部具有很大的自主性，有利于其主动性和积极性的发挥。有利于企业组织的专业化运行；缺点是可能造成企业组织整体性下降，事业部本位主义增强，管理部门增加，机构设置重复等问题。

主要适宜成长过程中具有一定规模的企业组织，如集团公司、股份有限公司、跨国集团等。

案例链接　　松下公司的企业组织结构

松下电器产业公司是世界上最大的电器企业之一，它成功的主要因素之一是其合理的企业组织结构。松下电器公司分级管理、分集合算，实行事业部制。公司的经营管理分为两级，即总公司一级，事业部一级。总公司设有最高领导层与一套健全的职能结构。总公司按照产品设立事业部，事业部部长对事业部的经营管理负总责，事业部也设有一套健全的职能机构。

事业部是一个自负盈亏、独立核算的经营单位，充分发挥了自身的积极性和主动性，发挥专业化的优势。但是，事业部独立后，比较容易脱离总公司的控制，各部门的合作也日益困难。因此，总裁松下幸之助以集中四项功能来平衡分权。一是设立严格的财务制度，由财务主管直接向总裁报告其财务状况；二是建立公司银行，将各部门的利润汇总于此，统筹管理；三是实行人事管理权的集中，管理人员的升迁要经过总公司的审核；四是采取集中训练制度，大力强化松下价值观。这样集权与分权相结合，并根据实际情况对其结合方式和程度进行调整，确保了松下企业组织的活力。

四、矩阵制

矩阵制企业组织结构是由两套企业组织部门联合构成的双重企业组织结构，其中一套是在企业组织职能基础上形成的部门，另一套是在企业组织特定业务项目基础上形成的部门，这两个部门在企业组织中以纵横两个方向而设置，构成了矩阵状态，所以被称为矩阵制企业组织结构，其具体形式如图 2—6 所示。

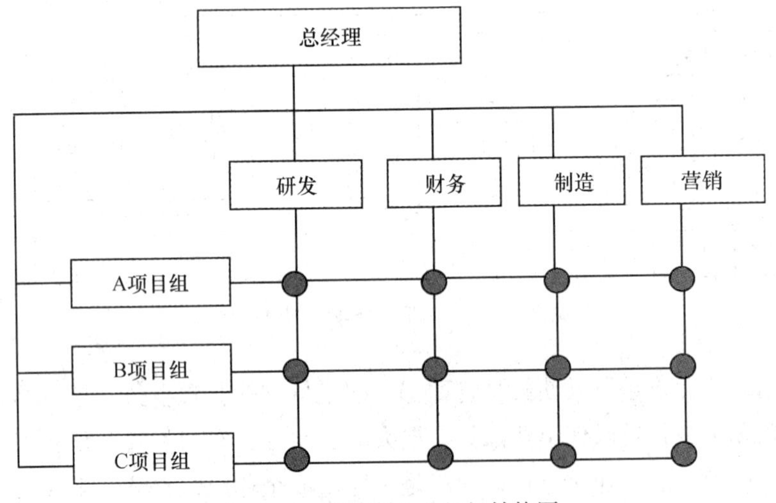

图 2—6 矩阵制企业组织结构图

该组织结构的优点是垂直纵向管理和水平横向管理结合在一起，加强了各部门之间的协作，增强了企业组织的灵活性和协调性；同时，它有利于专业人员优势的发挥。缺点是由于企业组织结构的灵活性，可能在任务、部门界限、管理关系运行过程中产生一定的混乱，而当企业组织的两个部门意志和要求不一致时，受这两个部门双重领导和指挥的企业组织作业人员也会无所适从。

矩阵制组织结构适宜环境多变，创新性强，工作任务需要多种技术的组织，包括大型、复杂的任务，或企业同时承担多个项目任务，或一些攻关项目、科研项目、创新项目，如航天航空企业、工程建设企业等。

案例链接　　通用的组织结构

1916 年，随着联合汽车公司并入“通用”，阿尔弗雷德·斯隆出任通用副总裁。作为通用副总裁的斯隆，发觉到通用管理上存在的问题。他先后写了 3 份分析通用内部管理弱点的报告。但是，总裁杜兰特只是赞赏，不予采纳。到了 1920—1921 年的经济危机期间，“通用”在经营管理上的问题彻底暴露出来了。公司危机四伏，摇摇欲坠。这时杜兰特引咎辞职，皮埃尔·S. 杜邦兼任总经理。斯隆在他的支持下，开始了改革的进程。

斯隆分析了“通用”公司的弊病，指出公司过去将领导权完全集中在少数高级领导人身上，他们事无巨细，大包大揽，反而事与愿违，造成了公司各部门失去控制的局面。他认为，大公司较为完善的组织管理体制，应以集中管理与分散经营二者之间的协调为基础。只有在这两种显然相互冲突的原则之间取得平衡，把两者的优点结合起来，才能获得最好的效果。由此他认为，通用公司应采取“分散经营、协调控制”的组织体制。根据这一思想，斯隆提出了改组通用公司的组织机构的计划，并第一次提出了事业部制的概念。

1920 年 12 月 30 日，斯隆的计划得到公司董事会的一致同意。次年 1 月 3 日这个计划开始在通用公司推行。

斯隆在以后的 10 年中，改组了通用汽车公司。斯隆将管理部门分成参谋部和前线工作部（前者是在总部进行工作，后者负责各个方面的经营活动）的做法很为大家熟悉，这种分组在 19 世纪较大的铁路公司里已经成形。现代军队，特别是普鲁士军队也率先使用了这种组织形式，许多概念同时在工业公司里获得发展。斯隆也确实用过军事方面的例子来说明他正要在通用汽车公司里干什么。

斯隆在通用汽车公司创造了一个多部门的结构。他废除了杜兰特的许多附属机构，将力量最强的汽车制造单位集中成几个部门。这种战略现在人们已经司空见惯，但在当时是第一流的主意并且被出色地执行了。多年后，斯隆这样说明：我们的产品品种是有缺陷的。通用汽车公司生产一系列不同的汽车，聪明的办法是造出价格尽可能各有不同的汽车，就好像一个指挥一次战役的将军希望在可能遭到进攻的每个地方都要有一支军队一样。“我们的车在一些地方太多，而在另一些地方却没有。”首先要做的事情之一是开发系列产品，在竞争出现的各个阵地上对付挑战。

斯隆认为，通用汽车公司出产的车应从卡迪拉克牌往下安排到别克牌、奥克兰牌最后到雪佛兰牌。这是 20 世纪 20 年代早期的产品阵容。以后有了改变，即 1925 年增加了庞蒂艾克牌，以填补雪佛兰和奥尔兹莫比尔中间缺口；奥克兰被淘汰了，增加了拉萨利，后来它也被淘汰了。

每个不同牌子的汽车都有自己专门的管理人员，每个单位的总经理相互之间不得不进行合作和竞争。这意味着生产别克牌的部门与生产奥尔兹莫比尔牌的部门都要生产零件，但价格和式样有重叠之处。这样，许多买别克牌的主顾可能对奥尔兹莫比尔牌也感兴趣，反之亦然。这样，斯隆希望在保证竞争的有利之处的同时，也享有规模经济的成果。零件、卡车、金融和通用汽车公司的其他单位差不多有较大程度的自主权，其领导人成功获奖赏，失败则让位。通用汽车公司后来成为一架巨大的机器，但斯隆力图使它确实保有较小公司所具有的激情和活力。

斯隆的战略及其实施产生了效果。1921 年，通用汽车公司生产了 21.5 万辆汽车，占国内销售的 7%；到 1926 年年底，斯隆将小汽车和卡车的产量增加到 120 万辆。通用汽车公司现在已拥有 40%以上的汽车市场。1940 年该公司产车 180 万辆，已达该年全国总销量的一半。相反，福特公司的市场份额 1921 年是 56%，而 1940 年是 19%，不仅远远落后于通用汽车公司，而且次于克莱斯勒公司而成为第三位，后者在 1921 年时甚至还不曾出现。这是美国商业史上最戏剧性的沉浮升降之一。

试运用企业组织结构的相关理论，分析通用的组织结构。

思考与练习

一、名词解释

1. 企业组织
2. 直线制企业组织结构
3. 职能制企业组织结构
4. 事业部制企业组织结构

二、简答题

1. 简述企业组织设计的影响因素。
2. 简述企业组织设计的内容。
3. 简述典型的企业组织结构形式及其优点和缺点。

三、案例分析

联想组织结构的变化

第一阶段：平底快船

“平底快船”是联想的第一阶段，即创业初期。这一时期的联想的总体特点是产品少、人员少、资金少、经营额小。“平底快船”模式的特点就是组织结构简洁：一个经理室，一个研发部门，一个业务部门，一个维修部门，人员一专多能，身兼数职。在经营方式上：一是以服务赚取资金投入科研；二是资金上实行小规模多滚动，快速反应，快速回笼。联想刚成立时，除了 20 万的资金、20 平方米的房子、11 人之外，几乎是一无所有。由于缺乏资本，柳传志不得不一点一滴开始积累，通过帮助别人维修机械、讲课、帮人家攻克技术难关、做销售维修代理等来积累资本。过了几个月，他们赚了 70 万元，积累了“第一桶金”。

第二阶段：大船结构

“大船结构”是联想的第二个管理阶段。联想此时的发展特点是人员增多，资金积累上千万元，产品品种丰富，规模上亿元。联想在此期间的主要任务是：在进军海外市场、建立全国市场网络的基础上，推出自有品牌的计算机及板卡，占领国内和国际市场。“大船结构”的主要特点是“集中指挥，分工协作”，具体包括五层意思。

(1) 集中指挥，统一协调。联想围绕开发、生产、经营三大主体，设置了一个决策系统、一套服务系统、一个供货渠道和一个财务部门，实行人员统一调动，资金统一管理。

(2) 各“船舱”实行经济承包合同制。联想从 1998 年起就按工作性质划分了各专业部，实行“船舱式”管理，任务明确，流水作业，既有利于提高工作效率和质量，也有利于实现按劳分配，调动员工的积极性，体现企业主人翁地位。

(3) 逐步实现制度化管理。从 1998 年起，联想开始完善各种企业管理制度，着重进行规范化企业管理，为创建大规模外向型企业做好准备。联想还实行制度化管理，使各“船舱”衔接起来，既有分工又有协作；既要提高各自的工作效率，又要顾全整体目标和利益。联想的制度化管理使企业有了强大的动力机制，与此同时，也建立起一套企业自我约束机制，以确保企业高速正常运转。

(4) 实行集体领导，董事会下设总经理（裁）室。总经理室有四名成员，两个在香港，两个在内地，采用海内外统一指挥的方式，起领导班子的团结和表率作用。

(5) 思想政治工作和奖惩严明的组织纪律相结合。联想实行总经理与员工对话制度，与员工及时沟通思想，交流感情；联想高度重视员工的观念转变，注重思想认识上的统一，将思想政治工作渗透到科研、生产、经营、管理等各项工作中去，甚至将思想工作做到海外；联想关心员工思想成长和切身利益，对各类员工一视同仁，积极提高各种福利待遇，解决各种实际困难和问题；联想有意识地培养一支骨干队伍，注重发挥党组织的战斗堡垒作用；联想注重青年人才的培养，鼓励青年人发挥特长，而且煞费苦心去引导和帮助他们，并加以严格的纪律约束，促使他们迅速成长为德才兼备的新型科技人才。

第三阶段：舰队结构

“舰队结构”是联想的第三个管理阶段。这一时期联想的总体特点是已有企业资本逾 10 亿元，海内外互补性经营格局已经形成，人才市场竞争白热化。这时，联想的“大船结构”管理思想和由“大船结构”管理思想而确立的组织架构已经不适合联想的规模，这种组织结构已经严重阻碍了联想的发展。因此，联想决定成立微机事业部，把联想计算机的研发、采购、生产、销售、服务全部环节都统一管理进来，制定了以市场为导向的战略，向事业部充分放权。从此，联想的管理思想也由“大船”转变为“舰队”，从而实现了生产力的又一次解放。联想在此期间的主要任务：一是全面参与国际性竞争确保自身的市场地位，二是为企业成为“百年老字号”创造基础条件，也就是要建立和发展新的管理机制。“舰队结构”管理模式在发展和强调“大船结构”，提出整体作战要求的同时，还加入了以人为本的个性尊重，从而为建立“舰队结构”的管理模式构造了两个基本出发点。“法治”和“人才”是“舰队结构”管理模式的两个核心要素。这些集中体现了联想管理发展的理性与成熟。

联想管理的新模式有两个要点：一是完全以市场为导向，市场能卖多少，企业就生产多少，要生产多少就买入多少原料，企业的供应商也要保持对联想的弹性；二是创造一个安全库存、按订单生产的模式，即在用户订单和按订单生产之间“楔进”一个安全库存环节。

联想的管理实践还说明了一点：引进管理经验不是照搬。许多企业照搬国际流行经验却不成功，问题就在于没有很好地把这些经验和本企业的实际情况相结合。因此，一个企业的组织结构不是一成不变的，而是随着社会的进步、企业的发展不断调整，以适应新的环境。只有这样，企业的组织结构才是良好的。

问题讨论：

1. 你认为联想的组织结构改进过程中，最重要的是哪个阶段，并简单说明原因。
2. 试判断联想在各个时期，可能采用的是哪种类型的组织结构，为什么？

第三章 生产管理

企业为实现经营目标，不仅需要采用先进的生产技术，更需要积极探索高效生产管理模式，以有效地利用生产资源，控制生产作业过程，提供满足社会需要、市场需求的产品或服务，提高企业竞争力，实现经济效益和社会效益。本章首先简单介绍生产管理的概念和发展，然后依据生产运作管理的顺序对生产计划、生产组织过程、生产现场管理等进行阐述，最后介绍全面质量管理和常用的管理标准。

学习目标

- 掌握生产管理的概念和目标
- 了解生产管理的发展
- 掌握生产计划的概念和指标
- 理解生产计划的层次和主要内容
- 理解生产过程组织的含义和基本要求
- 掌握生产过程的空间组织管理、时间组织管理、流水线组织管理
- 掌握生产现场管理的目标和“5S”管理
- 了解生产现场管理的基本要求和三大工具
- 掌握全面质量管理的概念和基本方法

第一节　生产管理概述

一、生产及生产管理的概念

1. 生产的概念

所谓生产，就是一切社会组织利用资源将输入转化为输出的过程。输入可以是原材料、顾客、劳动力以及机器设备等。输出的是有形的产品和无形的服务。生产的过程如

图 3—1 所示。

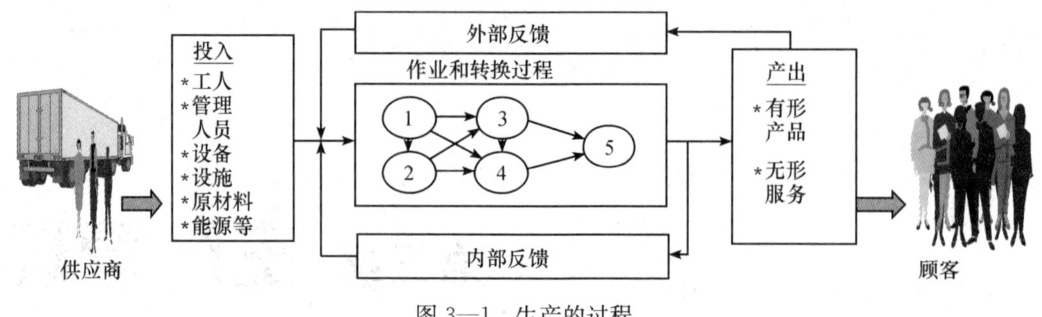

图 3—1 生产的过程

2. **生产管理的概念**

> **名人名言**
>
> 制造产品输入的是用户的需求，输出的是用户的满意。
>
> ——张瑞敏

广义的生产管理是对整个生产系统的管理，是指企业根据自身制定的经营方针和目标，从输入生产要素（原材料、厂矿设备、劳动力），然后经过生产转换系统（计划、设计、生产、检验、包装、核算、销售），最后到商品输出的全过程的管理。包括生产过程管理、劳动管理、物资管理、质量管理、成本管理、设备管理、环境和能源管理等方面。其中，质量管理是广义生产管理的核心。

狭义的生产管理则是指以生产过程为对象的管理，即对企业生产技术的准备、原材料投入、工艺加工直至产品完工的具体活动过程的管理。主要包括：生产计划和生产作业计划的编制、生产过程的组织以及生产过程的控制等内容。本章将着重阐述狭义生产管理。

二、生产管理的目标

第一，保证实现企业的经营目标。组织生产过程按计划要求高效运行，全面完成产品品种、质量、产量、成本、交货期和环保与安全等各项要求。

第二，有效利用企业的制造资源。不断降低物耗，降低生产成本，缩短生产周期，减少在制品，压缩占用的生产资金，以不断提高企业的经济效益和竞争能力。

第三，适应市场、环境的迅速变化。努力提高生产系统的应变能力，使企业根据市场需求不断推出新产品，并使生产系统适应多品种生产，能够快速地调整生产，进行品种更换。

简单地说，生产管理的目标就是高效、低耗、灵活、准时地生产合格产品或提供满意服务。

三、生产管理的任务

企业生产产品的质量（Quality）、成本（Cost）和交货期（Delivery），简称 QCD，是衡量企业生产管理成败的三要素。保证QCD三个方面的要求，是生产管理的主要任务。

一是按照合同约定或市场需求的产品品种、质量，完成生产任务。产品质量是企业竞争力的核心，提高质量是企业稳定客户、扩大市场、提高市场占有率的重要手段。

二是按照企业制定的产品成本计划完成生产任务。企业产品的价格是由合同约定或市场决定的。为了获得稳定的利润，生产管理的任务之一是保证产品成本不突破计划成本，厉行节约。

三是按照合同约定或市场需求的产品数量和交货期完成生产任务。数量不足要承担违约责任或丧失销售机会，产量过剩又会因增加库存而增加成本，加大风险。生产管理要做好数量和交货期的平衡工作。

在企业实际管理工作中，这三个方面的要求是互相联系，互相制约的。提高质量可能引起成本增加，为了保证交货期而过分赶工，可能引起成本的增加和质量的降低。为了取得良好的经济效益，生产管理应很好地完成计划、组织、分析、控制职能，做到综合平衡。

四、生产管理的发展

美国的泰罗、法国的法约尔等先驱对生产与运作管理进行了探索性研究，并逐步创建了工业企业管理理论。工业企业开始改变以工厂主为中心的个人经验管理，实行科学管理。生产管理作为企业管理的重要组成部分，人们对其进行了广泛、深入的理论研究与实践，并取得了丰硕的成果，形成了丰富的理论体系和管理模式。

1. 泰罗的科学管理

工作研究是科学管理的创始人泰罗的管理思想的核心。泰罗的代表作《科学管理原理》，主要探讨了在工厂中提高劳动生产率的问题，其中最著名的是科学管理四原则：

（1）对工人操作的每个动作进行科学规范，用以代替效率低的、随意的动作。

（2）科学地挑选工人，并进行培训和教育，使之熟悉岗位操作。

（3）与工人亲密协作，保证一切工作在科学的设计程序下进行。

（4）管理者和工人之间进行分工，各自承担最适合的工作。

2. 流水线生产

1910—1920年，美国福特汽车公司根据泰罗按节拍生产的理论，通过设计制造大量专用机床，首先建立了流水线生产方式。1920年2月7日，福特工厂创造出了平均每分钟生产一辆“T”型车的记录，这使得该车成本由1908年刚推出时的890美元一辆降到1926年的290美元一辆。流水线生产方式开创了机械工业大规模生产时代。进入20世纪40年代后，人们利用当时发明的各种机械、电气、液压的自动化装置，设计制造出各种高效的自动化机床，再用自动输送带将各单机联结成自动生产线，从而使以单一品种、大批量生产为特征的刚性自动化生产达到成熟阶段。

3. **准时制（精益生产方式）**

准时制是由日本丰田汽车公司于1953年开始研究和应用，并于1962年在全公司范围内推广的。准时制是指以社会需求、市场需要为依据，以充分发挥人的作用为根本，运用多种现代化管理手段和方法，有效配置和合理使用企业资源，力求消除生产过程中的多余环节，如超额库存、额外员工、闲置空间，做到准时生产，以取得最大的经济效益的一种新型生产方式。其基本原理是：不断改进，消除对资源的浪费，协力工作，良好的沟通。其中，不断改进是精益生产的核心思想，消除浪费是精益生产的目标，协力工作和良好的沟通是实现精益生产的保证。

4. **企业资源计划**

为了探索适应买方市场的需要，美国结合自己的国情，走了另一条道路，即将计算机信息技术引入到生产管理中来，并逐步拓展至全部的企业管理范畴，最终形成了企业资源计划管理方式。具体又可分为四个阶段：

（1）狭义MRP（物料需求计划）。它是根据生产计划来确定材料及零部件（物料）需求计划，主要来解决物料未来的短缺现象和库存量过多的问题。但是狭义的MRP没有进行生产能力及采购能力平衡的设置。

（2）广义MRP（闭环管理）。闭环在这里有两层意义：第一层是指把生产能力需求计划、车间作业计划、采购作业计划等几个环节纳入MRP，形成了一个封闭耦合的系统；第二层意思是指在执行计划的过程中，有反馈信息，并借此来实施负反馈控制。但此时的MRP只是涉及生产管理中的物流方面。

（3）MRP－Ⅱ（制造资源计划）。20世纪80年代，在闭环MRP的基础上，将生产、财务、销售、技术、采购等各个子系统结合成一个一体化的系统，至此企业生产经营活动的主要环节被集成纳入了一个统一系统之中。同时，在信息支撑上采用了局域网技术，在管理层次上具有模拟仿真功能，起到辅助决策的作用。

（4）ERP（企业资源计划）。其基本思想是以用户需求为中心，把客户需求和企业内部的经营活动以及供应商的资源整合在一起，将企业的业务流程看作是一个紧密连接的供应链，并对链上的所有环节进行有效的管理，如订单、采购、库存、计划、生产制造、质量控制、运输、分销、服务与维护、财务管理、投资管理、风险管理、获利分析、人事管理、实验室管理、项目管理、配方管理等。它更加适应了企业多地点、多工厂、多国家生产经营的趋势，在应用范围上不仅适用于各种工业企业，而且伸展到了服务企业。在管理时效上，更强调了实施控制能力。

5. **计算机集成制造系统**

20世纪80年代至今，随着计算机信息技术的迅速发展，以及与企业的高度整合，形成计算机集成制造系统（CIMS），它整合包含了MRP－Ⅱ、计算机辅助设计CAD、计算机辅助制造CAM、计算机辅助工艺设计CAPP以及柔性制造系统FMS，形成了建立在数字化信息技术基础上的高度一体化、自动化、柔性化的企业。

第二节　生产计划管理

一、生产计划管理的含义

生产计划管理一般是指企业对生产活动的计划、组织和控制工作。狭义的生产计划管理是指以产品的基本生产过程为对象所进行的管理，包括生产过程组织、生产能力核定、生产计划与生产作业计划的制订执行以及生产调度工作。广义的生产计划管理则有了新的发展，指以企业的生产系统为对象，包括所有与产品的制造密切相关的各方面工作的管理，也就是从原材料、设备、人力、资金等的输入开始，经过生产转换系统，直到产品输出为止的一系列管理工作。

二、生产计划的层次

生产计划是企业经营计划的重要组成部分，是企业在经营计划期间内完成生产目标的行动纲领，是企业生产管理的依据，也是企业编制物资供应、财务、劳动等其他计划的主要依据。以制造企业为例，其生产计划一般分为综合计划，主生产计划和物料需求计划三种。

1. 综合计划

综合计划又称为生产大纲。它是对企业未来较长一段时间内资源和需求之间平衡所做的概略性的设想，是根据企业所拥有的生产能力和市场需求预测对企业未来较长时间内产出内容、产出量、劳动率水平、库存投资等问题所做出的决策性描述。

2. 主生产计划

主生产计划要确定每一具体的最终产品在每一具体时间段内的生产数量。这里的最终产品，是指对企业而言，必须最终完成、可以马上出厂的完成品，它可以是直接用于消费的消费产品，也可以作为其他企业产品的部件或配件。这里所指的具体的时间段，通常以周为单位，有时也可能是日、旬或月。

3. 物料需求计划

主生产计划确定后，生产管理部门下一步要做的事情是保证完成主生产计划所规定的最终产品所需的全部物料（原材料、零件、部件等）及其他资源的供应。物料需求计划就是要制订这些原材料、零件、部件等的生产采购计划，外购什么，生产什么，什么物料必须在什么时候订货或开始生产，每次订多少、生产多少，等等。也就是说，物料需求计划所要解决的，是与主生产计划规定的最终产品相关物料的需求问题，而不是对这些物料的独立的、随机的需求问题。

三、生产计划的主要指标

生产计划的主要指标包括产品品种、质量、产量与产值等。它们各有不同的经济内容，从不同的侧面反映企业计划期内生产活动的要求。

1. 产品品种指标

产品品种指标包含两方面的内容：

（1）企业在计划期内生产的产品名称、规格等值的规定性。

（2）企业在计划期内生产的不同品种、规格产品的数量。

品种指标能够在一定程度上反映企业适应市场的能力，一般来说，品种越多，越能满足不同的需求，但是，过多的品种会分散企业生产能力，难以形成规模优势。因此，企业应综合考虑，合理确定产品品种，加快产品的更新换代，努力开发新产品。

2. 产品质量指标

产品质量指标是指企业在计划期内生产的产品应该达到的质量标准。这包括内在质量与外在质量两个方面。

（1）内在质量是指产品的性能、使用寿命、工作精度、安全性、可靠性和可维修性等因素。

（2）外在质量是指产品的颜色、式样、包装等因素。

在中国，产品的质量标准分为国家标准、部颁标准和企业标准三个层次。产品的质量标准是衡量一个企业的产品满足社会需要程度的重要标志，是企业赢得市场竞争的关键因素。

3. 产品产量指标

产品产量指标是指企业在计划期内应当生产的合格的工业品实物数量或应当提供的合格的工业性劳务数量。产品的产量指标常用实物指标或假定实物指标表示。如钢铁用“吨”，发电量用“千瓦·时”等表示。产品产量指标是表明企业生产成果的一个重要指标，它直接来源于企业的销售量指标，也是企业制定其他物量指标和消耗量指标的重要依据。

4. 产品产值指标

产值指标是指用货币表示的企业生产产品的数量，它解决了企业生产多种产品时，不同产品产量之间不能相加的问题。企业的产品产值指标有商品指标、总产值和净产值三种表现形式。

（1）商品产值。商品产值是指企业在计划期内生产的可供销售的产品或工业劳务的价值。其内容包括用自备原材料生产的可供销售的成品和半成品的价值、用订货者来料生产的产品的加工价值、对外完成的工业性劳务价值。

（2）总产值。总产值是指用货币表现的企业在计划期内应该完成的产品和劳务总量。它反映企业在计划期内生产的总规模和总水平，其内容包括商品产值，订货者来料的价值，在制品、半成品、自制工具的期末期初差额价值，它是计算企业生产发展速度和劳动生产率的依据。

(3) 净产值。净产值是指表明企业在计划期内新创造的价值。净产值的计算方法有两种，一是生产法，即从工业总产值中扣除物质消耗价值的办法；二是分配法，这种方法从国民收入初次分配的角度出发，将构成净产值的各要素直接相加求得净产值，这些要素主要包括工资、职工福利基金、税金、利润、利息、差旅费、罚金等。在实践中，商品产值和净产值一般用现行价格计算，总产值则要求用不变价格计算。

四、生产计划管理的主要内容

1. 生产计划的前期工作

充分而准确的信息资料是编制生产计划的基础，生产计划的前期工作主要指各方面资料的收集准备工作。生产计划所需的资料大致分为两部分：一部分是反映企业外部环境和需要的，主要包括经济形势、国家方针政策、竞争者情况、原材料及其他物资供应情况、市场需求等；另一部分是反映企业内部条件和可能的，主要包括劳动力及技术力量水平、生产能力水平、库存水平、流动资金和成本水平、服务销售水平及上期计划完成情况等。在上述资料中，尤为重要的是反映外部需要的市场需求量和反映内部生产可能的生产能力两方面。它们分别通过需求预测和生产能力核定来获得。

(1) 需求预测。需求预测是编制中期生产计划和主生产作业计划的前提条件，直接影响到生产计划的制订和实施效果。特别对于处理流程型企业更是如此。收集可靠的数据，采用科学的预测方法，对预测结果做出恰当的解释，是提高需求预测工作质量的基本要求。需求预测属于市场预测范畴，是一种侧重短期（年度和年度以内）的，以一个企业作为基本出发点的微观预测。

(2) 生产能力核定。生产能力是生产系统内部各种资源能力的综合反映，直接关系着企业能否满足市场需要，所以制订生产计划前必须了解企业的生产能力，以保证生产计划能充分发挥企业的能力。

生产能力是指企业直接参与生产过程中的固定资产（机器设备、厂房、生产性建筑物），在一定时期（通常是一年）内，在先进合理的技术组织条件下，所能生产一定种类产品的最大数量，或者能够加工处理一定原材料的最大能力。企业生产能力是由生产中固定资产的数量、固定资产的有效工作时间和固定资产的生产效率三个基本因素决定的。生产中固定资产的数量包括计划期内所拥有的全部能够用于生产的机器设备和生产面积。固定资产的有效工作时间是按现行工作制度计算的机器设备的全部有效工作时间和生产面积的全部利用时间。固定资产的生产效率是指单位机器设备的产量定额或单位产品的台时定额，以及单位产品占用生产面积大小和时间长短的定额。企业生产能力的核定，一般是先计算单台设备及设备组的生产能力，再核算小组、工段、车间的生产能力，最后确定企业的生产能力。

2. **确定生产计划指标**

根据满足市场需要，充分利用各种资源和提高经济效益的原则，在综合平衡的基础上，确定和优化生产计划指标。

3. **企业生产类型及生产进度**

在编制完生产计划，确定了全年总的产量任务后，企业要进一步将全年的生产任务具体安排到各个季度和各个月份，这就是安排产品的生产进度。安排产品生产进度的总原则是：保证交货期，实现均衡生产，注意和企业技术准备工作及各项技术组织措施的衔接。企业的生产具有不同的类型，通常分为大量大批生产、成批生产、单件小批生产。不同类型的企业生产特点不同，安排产品生产进度的方法也不同，见表3—1。

表3—1　　不同类型企业生产进度安排

生产类型	生产特点	进度安排要点
大量大批生产企业产品生产进度的安排	产品品种单一，产量大，生产稳定，这类企业安排产品生产进度的主要内容是将全年生产任务均衡地按季、按月分配	①平均分配。在市场需求比较稳定的条件下，某段时间的日产量基本相等 ②分期递增。产量分阶段增长，每隔一段时间平均日产量有所增长 ③小幅度连续递增。由于企业的技术水平和工人的熟练程度不断提高，各季、各月的产量逐渐地、小幅度地增长，呈梯形状态 ④抛物线形递增。一般是新产品，开始批量较小，以后批量逐渐加大，或由于工人技术熟练程度提高，开始日产量提高较快，以后趋于稳定
成批生产企业产品生产进度的安排	品种多，各种产品交替生产，所以在安排生产进度时，不仅要合理分配产品产量，而且要合理组织不同时期（季、月）各种产品搭配生产	①对于产量较大的、市场需求比较稳定的产品，可采取“细水长流”的办法，在全年、各季、各月做比较均衡的安排，以保证企业生产的稳定性 ②对于产量分淡、旺季或同系列的产品，可采取集中生产或集中轮番生产，这样可以扩大批量，减少同期生产品种，简化组织工作 ③新产品和老产品的生产要合理搭配。新产品品种的上市，要考虑到技术准备工作的可能。复杂产品和简单产品，劳动量大与劳动量小的产品，以及需要关键设备加工的产品，应合理搭配，均衡地分配到各个时期。这样有利于技术力量、劳动力、设备和生产面积得到均衡负荷，合理利用 ④要尽可能地使各季、各月的产品产值同该产品生产的批量相等或成整倍数，以便简化计划组织工作，提高工作效率
单件小批生产企业产品生产进度的安排	产品品种繁多，每种产品产量很少甚至是一次性生产，技术准备工作量较大又复杂，许多订货来得迟、要得急、变动多	①先安排已经明确的订货任务，尚未明确的生产任务，用概略的计算单位做粗略的安排，待接到订货任务后，再按订货合同的要求，做详细的安排 ②新产品和需要关键设备加工的产品，在满足订货要求的前提下，尽可能按季分配，交错安排，以免生产技术准备工作和关键设备忙闲不均 ③小批生产的产品，要集中轮番生产，尽量把通用件多的产品，安排在同一时期内生产，以减少同一时期内生产的品种，简化组织工作，提高经济效益

第三节 生产过程组织管理

一、生产过程组织的含义

生产过程组织是指对生产过程中的劳动者、劳动工具、劳动对象及生产过程的各个环节、阶段和工序进行合理安排，在时间、空间上使之达到衔接平衡、紧密配合，从而形成一个协调的产品生产系统的管理活动组织。

生产过程组织的基本内容主要有：生产过程的空间组织和生产过程的时间组织。生产过程空间组织主要是企业内部各生产单位和设施的专业化形式和在空间的相对位置结合而成的有机整体。生产过程的时间组织主要是劳动对象在各生产单位之间、各工序之间在时间上衔接和结合的方式。生产过程组织的基本任务是建立适应市场需求，应变能力强，效率高，时间、费用消耗低，经济效益高的生产组织系统。

具体来说，生产组织管理包括以下几个方面：

一是生产技术准备过程的管理。指投产前所做的各项生产技术准备工作过程，如产品设计、工艺设计、工艺准备、新产品试制等过程。

二是基本生产过程的管理。与企业的基本产品实体构成直接相关的生产过程。

三是辅助生产过程的管理。为保证基本生产过程的实现，不直接构成基本产品实体的生产过程，如动力供应、工具制造、设备修理等。

四是生产服务过程的管理。为基本生产和辅助生产的顺利进行而从事的服务性活动，如原材料、半成品、工具等的供应、运输、库存管理等。

五是附属生产过程的管理。指利用企业生产主导产品的边角余料、其他资源生产市场需要的不属于企业专业方向的产品的生产过程，如飞机厂利用边角余料生产铝制日用品的过程。

知识链接 **企业的生产类型**

1. 按接受生产任务方式划分

(1) 订货生产方式。指按用户的订单进行生产。例如锅炉、船舶、机车等的生产，均属于订货型生产。

(2) 备货生产方式。指在没有接到用户订单时按已有的标准产品或产品系列进行生产，目的是为了补充库存。例如轴承、紧固件、小型电机等产品的生产。

二者的比较见表3—2。

2. 按工作专业化程度划分

(1) 单件生产。根据用户的特定要求组织生产或服务，如船舶制造、医疗保健等。

表 3—2　　订货型与备货型生产比较

项　目	订货型生产（MTO）	备货型生产（MTS）
产品	变型产品、新产品	标准产品
需求	难以预测	可以预测
价格	订货时确定	事先确定
交货期	订货时决定	由库存随时供货
设备	多采用通用设备	多采用专用设备
人员	需多种操作技能	专业化人员

（2）成批生产。产品品种较多、产量较大、若干产品成批轮换生产，如家用电器的生产。

（3）大量生产。大批量生产一种或少数几种标准化产品。

三者的比较见表 3—3。

表 3—3　　不同生产类型的比较

比较项目	大批生产	成批生产	单件生产
产品品种	单一或很少	较多	很多
产品产量	很大	较大	单个或很少
工作地工序数目	1 道或 2 道工序	较多	很多
设备布置	按对象原则，采用流水生产或自动线	既有按对象原则排列，又有按工艺原则排列	基本按工艺原则排列
生产设备	广泛采用专用设备	专用、通用设备并存	通用设备
设备利用率	高	较高	低
应变能力	差	较好	很好
劳动定额的制定	详细	有粗有细	粗略
劳动生产率	高	较高	低
计划管理工作	较简单	较复杂	复杂多变
生产控制	容易	难	很难
产品成本	低	较高	高

二、生产过程组织管理的基本要求

1. 连续性

生产过程的连续性是要求产品生产过程的各个工艺阶段、工序之间在时间上紧密衔接，连续进行。它表现为产品及其零部件在生产过程中始终处于运动状态，不发生或很少发生中断现象。保证和提高生产过程的连续性，可以缩短产品生产周期，减少库存产品、半成品数量，加速资金周转，同时能更充分地利用物资、设备和生产空间。

2. 比例性

生产过程的比例性是指生产过程各阶段、各工序之间在生产能力上要保持一定的比例关系，以适应产品生产的要求，这表现在各个生产环节的工人人数、设备数量、生产速率、开动班次等，都必须互相协调配套。比例性是保证生产连续性的前提，并有利于充分利用企业的设备、生产空间、人力和资金。

3. 均衡性

生产过程的均衡性，是要求生产过程的各个基本环节和各工序在相同的时间间隔内，生产相同或者稳定递增数量的产品，每个工序的负荷经常保持均匀。不出现前松后紧，或时紧时松的现象，保持有节奏的均衡生产。均衡性特点是由连续性和比例性特点所决定的。生产不均衡会造成忙乱不均，既浪费资源，又不能保证质量，还容易引发设备、人身事故。

4. 平行性

生产过程的平行性，是指物料在生产过程中实行平行交叉作业。平行作业是指相同的零件同时在数台相同的机器上加工；交叉作业是指同一批零件在上道工序还未加工完成时，将已完成的部分零件转到下道工序加工。也就是生产过程的各工艺阶段、各工序在时间上实行平行作业，产品各零部件的生产能在不同空间进行。平行交叉作业可以大大缩短产品的生产周期，在同一时间内生产更多的产品。平行性是生产过程连续性的前提。

5. 适应性

生产过程的适应性是指企业的生产组织形式要多变，能根据市场需求的变化及时调整和组织生产。提高生产过程的适应性，是适应市场需求快速多变的环境所提出的客观要求。企业要满足多变、不均衡的社会市场需求，保持生产过程的比例性和均衡性，就必须有一个适应性很强的生产系统。

生产过程合理组织的五项要求是相互联系、相互影响的，在生产过程的组织、计划、控制过程中，需根据具体情况综合考虑时间、资金占用、有关费用等多项因素，统筹安排，提高经济效益。

三、生产过程的空间组织管理

生产过程的空间组织是指在一定的空间内，合理地设置企业内部各基本生产单位(车间、工段、班组)，使生产活动能高效地顺利进行。生产过程的空间组织有以下两种典型的形式。

1. 工艺专业化形式

工艺专业化又称为工艺原则，就是按照生产过程中的各个工艺阶段的工艺特点来设置生产单位。在工艺专业化的生产单位内，集中着同种类型的生产设备和同工种的工人，完成各种产品的同一工艺阶段的生产，即加工对象是多样的，但工艺方法是同类的，每一生产单位先完成产品生产过程的部分工艺阶段和部分工序的加工任务，产品的制造完成需要各单位的协同努力。

工艺专业化形式适用于企业产品品种多、变化大、产品制造工艺不确定的单件小批生产类型的企业。它一般表现为按订货要求组织生产，特别适用于新产品的开发试制。

工艺专业化形式的优缺点见表3—4。

表3—4　　工艺专业化形式的优缺点

优点	缺点
①适应性强，可以适应企业各个不同产品的加工要求 ②便于充分利用设备和生产空间 ③利于加强专业管理和进行专业技术指导 ④个别设备出现故障或进行维修对整个产品的生产制造影响小	①产品加工过程中运输路线长，运输数量大，停放、等待的时间多 ②生产单位之间的协作复杂，生产作业计划管理、在制品管理、成套性进度管理等多项管理工作，量大而且复杂

2. 对象专业化形式

对象专业化又称为对象原则，是按照产品（或零件、部件）的不同来设置生产单位，每个生产单位完成其所负担加工对象的全部工艺过程，工艺过程是封闭的。在对象专业化生产单位集中了不同类型的机器设备、不同工种的工人，对同类产品进行不同的工艺加工，而不用跨越其他的生产单位。

对象专业化形式适用于企业的专业方向已定，产品品种和工艺稳定的大量大批生产。

对象专业化形式的优缺点见表3—5。

表3—5　　对象专业化形式的优缺点

优点	缺点
①生产比较集中，生产周期短，运输路线短，周转量小 ②计划管理、库存管理相对简单 ③在制品占用量少，资金周转快，协作关系少 ④有利于强化质量责任和成本责任 ⑤便于采取流水生产的生产组织形式，提高生产效率	①对市场需求变化适应性差，一旦因生产的产品市场不再需求而进行设备更换，则调整代价大 ②设备投资大（由于同类设备的分散使用，会出现个别设备负荷不足，生产能力不能充分利用） ③不利于开展专业化技术管理

四、生产过程的时间组织管理

为了合理有效地组织生产过程，提高劳动生产率，缩短生产周期，减少资金占用量，不但要求生产过程的各个组成部分在空间上紧密配合，而且要求在时间上也互相衔接协调。

1. 生产过程时间组织的概念

生产过程的时间组织，就是要尽可能使加工对象在各生产单位之间的运动，在时间上互相配合和衔接，以提高生产过程的连续性，缩短生产周期，加速流动资金的周转，并按时完成计划任务和订货合同。

生产周期是指从原材料投入生产开始，经过各道工序加工直到成品产出为止，所经历的全部时间。为了缩短生产周期，需要正确选择零件在工序间的移动方式以及合理安排零件在设备上的加工顺序。

2. 批量生产零件的移动方式

劳动对象在工序之间的移动方式，是指零件从一个工作地到另一个工作地之间的运送形式，劳动对象在工序之间的移动形式与制造产品的数量有关。如果某种产品只生产一件，那么就只能在上一道工序加工完成之后，再把产品送到下一个工作地去进行下一道工序加工。如果是加工一批相同的零件，那么就可以采用三种不同的移动方式。

（1）顺序移动方式。顺序移动方式就是一批零件或产品，在上一道工序全部加工完成之后，才整批转移到下一道工序继续进行加工。零件在工序之间整批运输。例如，普通机加工车间制造零件，先整批在车床上车轴，再整批转移到铣床上铣削轴上的键槽。

（2）平行移动方式。平行移动方式就是当前道工序加工完成每一个零件或产品之后，立即转移到下一道工序，继续进行加工，也就是工序间的零件或产品的传递不是整批的，而是以零件或产品为单位分别进行，从而使工序与工序之间形成并行作业的状态。

（3）平行顺序移动方式。平行顺序移动方式就是平行移动方式与顺序移动方式的结合，即一批零件在某道工序尚未全部加工完毕，就将已经加工好的一部分零件转到下道工序加工，并使下道工序能连续地全部加工完该批零件。为达到这一要求，可分为两种情况：一是当前道工序的单件工时小于后道工序的单件工时时，每个零件在前道工序加工完之后，可立即向下道工序传送，因为后道工序开始加工后，可以保持加工的连续性；二是当前道工序的单件工时大于后道工序的单件工时时，则要等待前一道工序完成的零件数足以保证后道工序能连续加工时，后道工序才开始加工。例如，在服装生产过程中，在裁剪工序按照顺序移动方式，将服装的各个部件整批裁剪完成，再全部转移到缝制工序；缝制工序按照服装缝制顺序采取灵活的组织形式，将平行和顺序移动方式结合在一起，组织各道工序之间的传递，节省整体的加工时间。

三种移动方式的优缺点对比见表3—6。

以上三种移动方式各有特点，从生产周期看，平行移动方式最短，平行顺序移动方式次之，顺序移动方式最长。但在选择移动方式时，不能只考虑生产周期，还要根据企业生产实际情况，权衡利弊，分别加以利用。一般考虑的因素有：加工批量的大小、加工对象的尺寸大小、工序时间的长短以及生产过程空间组织的专业化形式等。

表 3—6　　三种移动方式的优缺点对比

移动方式	优点	缺点
顺序移动方式	组织与计划工作简单，零件集中加工，集中运输，减少了设备调整时间和运输工作量，设备连续加工不停顿，提高了工效	大多数产品有等待加工和等待运输的现象，生产周期长，资金周转慢，经济效益较差
平行移动方式	生产周期最短	当前后相邻工序加工时间不等时，会出现设备和工人操作停歇一部分时间的现象，因此不利于设备及工人工时的有效利用
平行顺序移动方式	既缩短了一批零件的加工周期，又避免了设备间歇运转的现象	组织协调工作比较复杂

五、流水线生产管理

流水生产是一种先进的生产组织形式，是指劳动对象按照规定的加工工艺顺序，连续地和有节奏地依次经过各个工作地进行加工，直至生产出成品并按一定的速度出产。这种按工艺顺序排列各工作地，构成的产品加工线就叫作流水生产线，简称流水线。

1. 流水生产的特征

（1）加工的制品品种较少，各工作地专业化程度较高。在一条流水线上，一般只固定生产一种或少数几种产品，每道工序都有固定的工作地进行加工，每个工作地只负担1～2 道工序，重复地进行生产。据此特征，则对产品有如下要求：产品结构要先进合理，产品要有足够的产量。工作地专业化程度高的优越性是，可采用专用设备和工装，从而使劳动生产率提高，加工成本降低，产品质量稳定。

（2）工作地按产品工艺过程链状排列。流水线是按对象原则进行布置，各工序、各工作地按加工顺序依次排列。劳动对象在进行加工时，只是在工序间做流水般的单向移动，产品的所有加工均在流水线上完成。据此特征，则要求产品的加工工艺应先进可行。工作地按产品工艺过程链状排列的优点是，产品在加工过程中的移动路线特别短，生产过程连续性强，生产周期短，在制品数量下降，并可采用机械化的输送装置。

（3）各道工序按照同一节拍输送工件。所谓节拍是指流水线上相邻两件制品出产的间隔时间。比如某条流水线的节拍为 3 分钟，则该流水线必须每隔 3 分钟出产一件产品，该条流水线上的各道工序也都要保证每隔 3 分钟为下道工序提供一件制品。据此特征，则要求流水线上各道工序的单件时间等于流水线的节拍或节拍的整数倍。按照规定的节拍进行生产，使各道工序的工作地数目同各道工序的单件工序时间的比及产品出产的时间间隔相协调，从而保证了流水线上各工序之间生产能力的平衡，大大提高了生产效率和经济效益。综上所述，组织流水生产能提高生产面积的利用率，减少在制品数量，缩短生产周期，加速流动资金周转，降低成本，保证和提高产品质量，极大地提高劳动生产率和企业的经济效益。

2. 组织流水线生产的条件

组织流水线生产可以取得很高的效益，但并非所有产品都适合组织流水线。决定某种产品是否采用流水线生产的条件是：

（1）产品的产量足够大，足以保证流水线各工作地有充分的负荷。

（2）产品的结构和工艺相对稳定不变，并且产品的设计能够达到“结构的工艺性”。产品的结构和工艺能相对稳定的前提是结构和工艺具有一定的先进性，即在产品的结构方面，要能反映现代科学技术成就并已定型；在工艺方面，要能采用先进、可靠、合理的工艺方法、设备和工具，即产品的结构能使在流水线上采用最有效和最经济的工艺程序成为可能，满足设计的“结构工艺性”要求。

（3）产品加工的各工序能细分和合并。保证组成流水线时，流水线上的各道工序的加工时间定额能与流水线的节拍相等（或近似相等）或成倍数关系，从而使流水线的连续、节奏生产成为可能。

第四节 生产现场管理

生产现场管理是在生产第一线的综合管理，是要把生产活动中的五个要素，即人、设备、加工方法、材料和信息有机地、协调地组织起来，以保证优质、高效、低耗、均衡、安全地进行生产。现场管理是通过现场的生产管理者来进行的，他们包括车间主任、工段长、班组长、车间调度员、车间工艺员、经济核算员等。

一、生产现场管理的目标

一是充分调动发挥人的积极性。生产活动的根本因素是工人，对于工人，应注重五会，即会操作、会调整设备、会维护设备工具、会检查质量和会多机床多工种操作。

二是开展全面质量管理，确保产品质量。要保证和提高产品质量，就要加强制造过程各个环节的质量管理，包括人的技能、设备、工具检具的精度、毛坯的尺寸、加工的方法和环境条件等方面的质量管理。

三是实现安全文明生产。安全文明生产是现场管理的大事，企业应通过改善通风照明条件，设置防尘、防毒、消除噪声和防火设施，安装设备的防护装置，消除疲劳作业，以保证安全生产。教育操作者严格按照规程作业，保证工作地道路的畅通，零件、毛坯等摆放整齐，保持现场整洁。

四是降低生产成本，提高经济效益。生产过程中要消耗一定的人力、物力和财力，在生产过程的每一个环节上都精打细算，控制各种消耗，消除浪费，做到人尽其才、物尽其用。

五是建立正常生产秩序，实现均衡生产。讲究科学管理，讲究节奏，讲究效益。前后工序要保持同步，产品品种、数量、工时的负荷要全面均衡，讲究以最少的生产储备来保证生产的连续性、均衡性。

二、生产现场管理的基本要求

一是环境整洁。厂区和车间地面整洁，道路畅通，标记明显。

二是纪律严明。工艺规程、操作规程和安全规程齐全、合理并得到严格执行；关键生产岗位、特殊工种实行持证上岗；劳动保护用品按规定配备齐全，使用得当；职工必须坚守岗位，严格遵守劳动纪律。

三是设备完好。遵守设备操作维护和检修规程。

四是物流有序。流动物必须实行定量化管理，按规定及时转序或入库，减少或消除各种不合理的放置和流动，各种设备、物品实行定置管理。

五是信息准确。各种原始记录、台账、报表必须规范化。原始数据记录要工整、准确，信息传递要及时。

六是生产均衡。按工艺流程、期量标准有节奏地进行生产，生产设施的负荷波动达到最低限度。

三、生产现场管理三大工具

1. 标准化

所谓标准就是将企业里各种各样的规范，如规程、规定、规则、标准、要领等，形成文字化的东西（或称标准书）。制定标准，而后依标准付诸行动则称为标准化。那些认为编制或制定了标准即认为已完成标准化的观点是错误的，只有经过指导、训练才能算是实施了标准化。

2. 目视管理

目视管理是利用形象直观而又色彩适宜的各种视觉感知信息来组织现场生产活动，达到提高劳动生产率的一种管理手段，也是一种利用视觉来进行管理的科学方法。

所以目视管理是一种以公开化和视觉显示为特征的管理方式。综合运用管理学、生理学、心理学、社会学等多学科的研究成果。

案例链接　　**高露洁工厂的目视管理**

广州高露洁的工厂在目视管理方面的做法值得借鉴。在车间入口的走道边是生产绩效的展示橱窗，采用透明玻璃管与不同颜色的填料表示绩效水平。在生产线的适当位置悬挂电子显示屏，随时反映生产效率与异常状况，而在经理的办公间也有显示终端，方便对生产现场实时监控。车间柱子上漂亮醒目的“外衣”，是公司产品的电视或平面广告，当然，这些“衣服”会定期更换，好像在随时提醒员工要关注客户需求的变化。

3. 看板管理

看板管理是发现问题、解决问题的非常有效且直观的手段，尤其是优秀的现场管理必不可少的工具之一。

看板管理是管理可视化的一种表现形式，即对数据、情报等的状况一目了然地进行透明化的管理活动。它通过各种形式如标语、现况板、图表、电子屏等把文件上、脑子里或现场隐藏的情报揭示出来，以便任何人都可以及时掌握管理现状和必要的情报，从而能够快速制定并实施应对措施。按照责任主管的不同，一般可以分为公司看板管理、部门车间看板管理和班组看板管理三类，如图 3—2 所示。

图 3—2 工厂看板

四、"5S" 管理

"5S" 管理起源于日本，通过规范现场、现物，营造一目了然的工作环境，培养员工良好的工作习惯。"5S" 管理是指对生产要素所处的状态不断地进行整理、整顿、清洁、清扫、提高素养和安全的活动。

1. 整理

将工作场所任何东西区分为有必要的与不必要的，把必要的东西与不必要东西明确地、严格地区分开来，不必要的东西要尽快处理掉。

整理的目的：腾出空间，空间活用；防止误用、误送；塑造清爽的工作场所。

整理的要点：对自己的工作场所（范围）全面检查，包括看得到和看不到的；制定"要"和"不要"的判别基准；将不要物品清除出工作场所；对需要的物品调查使用频度，决定日常用量及放置位置；制定废弃物处理方法，每日自我检查。

2. 整顿

对整理之后留在现场的必要的物品分门别类放置，排列整齐。明确数量，有效标识。

整顿的目的：使工作场所一目了然；消除寻找物品的时间；整整齐齐的工作环境；消除过多的积压物品。

整顿的要点：前一步骤整理的工作要落实；需要的物品明确放置场所；摆放整齐、有条不紊；地板划线定位；场所、物品标示；制定废弃物处理办法。

3. 清扫

将工作场所清扫干净，保持工作场所干净、亮丽。

清扫的目的：消除脏污，保持职场内干净、明亮；稳定品质；减少工业伤害。

清扫的要点：建立清扫责任区（室内、外）；执行例行扫除，清理脏污；调查污染源，予以杜绝或隔离；建立清扫基准，作为规范；开始一次全公司的大清扫，每个地方清洗干净。

4. 清洁

将上面的“3S”实施的做法制度化、规范化，保持清洁。

清洁的目的：维持上面“3S”的成果；保持车间环境良好，愉快工作；消除发生灾害的根源。

清洁的要点：落实前“3S”工作；制定目视管理的基准；制定“5S”实施办法；制定考评、稽核方法；制定奖惩制度，加强执行；高阶主管经常带头巡查，带动全员重视“5S”活动。

5. 素养

素养是指遵章守纪，重视道德品质修养，通过晨会等手段，提高员工文明礼貌水准，增强团队意识，养成按规定行事的良好工作习惯。

素养的目的：提升人的品质，使员工对任何工作都讲究认真。

素养的要点：制定服装、臂章、工作帽等识别标准；制定公司有关规则、规定；制定礼仪守则；教育训练（新进人员强化“5S”教育、实践）；推动各种精神提升活动（晨会，例行打招呼、礼貌运动等）；推动各种激励活动，遵守规章制度。

第五节　全面质量管理

一、全面质量管理定义

全面质量管理就是一个组织以质量为中心，以全员参与为基础，目的在于通过让顾客满意和本组织所有成员及社会受益而达到长期成功的管理途径。

二、全面质量管理发展历程

20 世纪 50 年代末，美国通用电气公司的费根堡姆和质量管理专家朱兰提出了“全面质量管理”（Total Quality Management，TQM）的概念，认为全面质量管理是为了能够在最经济的水平上，并考虑到充分满足客户要求的条件下进行生产和提供服务，把企业各部门在研制质量、维持质量和提高质量的活动中构成为一体的一种有效体系。60 年代初，美国一些企业根据行为管理科学的理论，在企业的质量管理中开展了依靠职工“自我控制”的“无缺陷运动”（Zero Defects）。日本在工业企业中开展质量管理小组（Q. C. Circle/Quality Control Circle）活动，使全面质量管理活动迅速发展起来。

三、全面质量管理基本方法

全面质量管理的基本方法可以概括为四句话十八个字，即一个过程，四个阶段，八个步骤，数理统计方法。

1. 一个过程

企业管理是一个过程。企业在不同时间内，应完成不同的工作任务。企业的每项生产经营活动，都有一个产生、形成、实施和验证的过程。

2. 四个阶段

根据管理是一个过程的理论，美国的戴明博士把它运用到质量管理中来，总结出“计划（plan）—执行（do）—检查（check）—处理（action）”四阶段的循环方式，简称 PDCA 循环，又称“戴明循环”。

第一个阶段称为计划阶段，又叫 P 阶段（Plan）。这个阶段的主要内容是通过市场调查、用户访问、国家计划指示等，摸清用户对产品质量的要求，确定质量政策、质量目标和质量计划等。

第二个阶段为执行阶段，又称 D 阶段（Do）。这个阶段是实施 P 阶段所规定的内容，如根据质量标准进行产品设计、试制、试验，其中包括计划执行前的人员培训。

第三个阶段为检查阶段，又称 C 阶段（Check）。这个阶段主要是在计划执行过程中或执行之后，检查执行情况是否符合计划的预期结果。

第四个阶段为处理阶段，又称 A 阶段（Action）。主要是根据检查结果，采取相应的措施。

3. 八个步骤

为了解决和改进质量问题，PDCA 循环中的四个阶段还可以具体划分为八个步骤，如图 3—3 所示。

计划阶段共有四步。一是分析现状，找出存在的质量问题；二是分析产生质量问题的各种原因或影响因素；三是找出影响质量的主要因素；四是针对影响质量的主要因素，提出计划，制定措施。

执行阶段共有一步，即执行计划，落实措施。

检查阶段共有一步，即检查计划的实施情况。

处理阶段共有两步。一是总结经验，巩固成绩，工作结果标准化；二是提出尚未解决的问题，转入下一个循环。

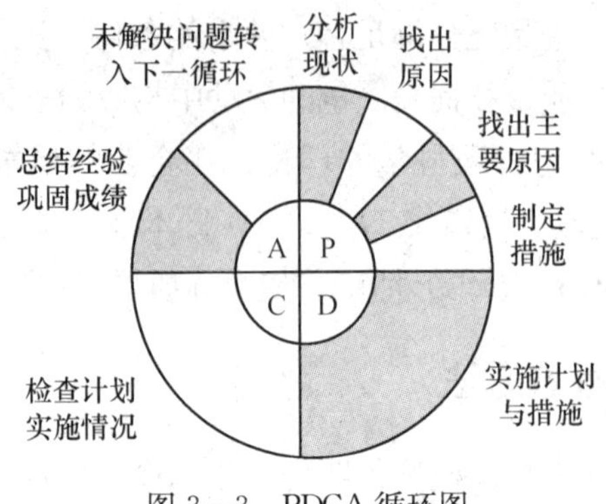

图 3—3　PDCA 循环图

4. 数理统计方法

在全面质量管理工作中，无论何时、何处都会用到数理统计方法。通过统计度量组织作业中的每一个关键变量，然后与标准和基准进行比较，以便发现问题，追踪问题的根源，从而达到消除问题、提高品质的目的。

案例链接

1964 年，福特汽车公司生产了一种名为“野马”的轿车。产品一经推出，购买人数就创出美国纪录。各地纷纷成立“野马”车协会，甚至很多商店出售的墨镜、帽子、玩具等都贴上了“野马”的商标。是谁成功地驾驭了这匹“野马”？是谁塑造了野马轿车的成功营销？

著名的营销专家亚柯卡担任福特汽车公司副总裁兼福特部总经理后，便计划生产一种受顾客欢迎的新型汽车，这一想法是对消费市场进行了充分调查分析后产生的。

首先，亚柯卡在欧洲了解福特汽车公司生产的“红雀”牌汽车销售情况时，发现“红雀”汽车太小了，又没有行李箱，尽管省油，但外形不漂亮、不实用。如不尽快推出一种新型畅销车，公司将有被竞争对手击败的危险。

其次，20 世纪 60 年代，20 岁左右的年轻人增长了 50%，根据这一统计，公司预计今后 10 年，整个汽车销售量将大幅度增加。目标市场主要是年轻人。

再次，随着时代的变化，年纪较大的买主，已从满足于经济实惠的车，转向追求样式新颖的豪华车。

亚柯卡在分析中，就应用了 PDCA 循环的步骤来解决上述问题。

1. 分析现状，找出原因

现状是“红雀”牌汽车销售状况不佳，如不尽快推出一种新型畅销车，公司将有被竞争对手击败的危险。

2. 分析各种影响因素或原因

除去上文所述，造成“红雀”牌汽车销售业绩不佳的原因可能还有很多。案例中没有详细列举，需要调查人员在具体的环境下具体分析。

3. 找出主要影响因素

主要影响因素有三条。(1)“红雀”汽车太小，又没有行李箱，既不漂亮也不实用。(2) 20 岁的年轻人大幅度增长，他们追求新型时髦轿车。(3) 人们已从满足于经济实惠的车，转向追求样式新颖的豪华车。

4. 针对主要原因，制订措施计划

综合以上信息，公司初步形成了一个新产品轮廓，福特公司要推出一部适合“饥饿市场”的新产品，其特点是式样新，性能好，可载 4 人，不太重，价格便宜（不超过 2 500 美元）。

5. 执行、实施计划

(1) 产品。车型独树一帜，车身容易辨认，更容易操作，具备行李箱，外形像跑车。它比一般经济型车多了圆背座椅、装饰、车轮罩及地毯。外表也非常有特色：车身白色，车轮红色，后保险杠向后弯曲形成一个活泼的尾部，简直就是一匹野马。

(2) 品牌。取什么名字来吸引顾客？广告策划人认为美国人对二战中“野马战斗机”的名字如雷贯耳，用“野马”做新型车的名字，将极有吸引力，不仅能显示车的性能和速度，而且适合美国人尤其是年轻人那种放荡不羁的个性。随后，策划人又为新车设计了一个标志，一个奔驰中的野马模型。

(3) 定价。为了确保车的价值和认可程度，在新车推出之前，公司邀请了 52 对夫妇，将他们分成若干小组，分别带进样品陈列室参观，并听取他们的意见和感想。一部分收入较高的人对新车的样式感兴趣，另一部分人则认为车过于豪华而不敢问津。亚柯卡请他们估计一下车价，几乎所有人都认为要 1 万美金，并表示不会购买。当亚柯卡宣布车价在 2 500 美元上下时，大家惊呆了，纷纷欢呼道：“我们要买这部车”。摸透消费者心理后，亚柯卡把车价定位于 2 368 美元，同时拟定了一系列促销方案。

6. 检查计划执行结果

经过一系列铺天盖地的营销活动，“野马”风靡全美。新车上市的第一天，就有 4 万人涌到福特代理店购买，一年之内销出 118 118 辆，创下福特最高销售纪录。

7. 总结成功经验，制定相应标准

野马汽车成功的经验显而易见，那就是敏锐的市场洞察力，准确的市场定位，极具诱惑力的产品和价格，以及卓有成效的促销方案。这些经验将为今后福特汽车公司推出新款汽车起到积极的借鉴和引导作用。

8. 把未解决或新出现的问题转入下一个 PDCA 循环

随着时代的进步，人们对汽车还会产生不断变化的期望，福特公司将再接再厉满足这些新需求；也许今后福特公司还可能着手生产汽车系列的各种产品；甚至将进入与汽车市场完全不同的市场……总之，问题会层出不穷，PDCA 循环也会滚动不息，企业的质量正是在这一次次的循环中不断进步，逐渐提升。

思考与练习

一、名词解释

1. 生产管理
2. 生产计划
3. 生产组织管理
4. 全面质量管理

二、简答题

1. 简述生产管理的目标。
2. 简述生产过程的空间组织管理。
3. 简述“5S”管理的具体内涵。
4. 简述全面质量管理的基本方法。

三、案例分析

海尔的“OEC管理”

1985年5月，受命于危难的青岛电冰箱厂厂长张瑞敏，面临的市场形势是严峻的。当时海尔在规模、品牌方面都处于绝对的劣势，靠什么在市场上挣得一席之地呢？只能靠质量。于是，张瑞敏提出了自己的质量理念：“有缺陷的产品就是废品”。于是也就有了产品质量的“零缺陷、精细化”管理办法，达到用户使用的零抱怨、零投诉的要求。从理念的提出到员工接受、认同，最后变成自动遵循的原则和习惯，需要一个过程。正是由于过去许多职工不能真正理解，更难以自觉接受质量理念，所以产品质量不稳定，客户投诉不断。张瑞敏强烈意识到：理念问题解决不了，靠事后检验，是不可能提高质量的。于是有了张瑞敏果断推出“砸冰箱”事件。

当员工们含着泪眼看着张瑞敏总裁亲自带头把有缺陷的76台电冰箱砸碎之后，内心受到的震撼是巨大的，人们对“有缺陷的产品就是废品”有了刻骨铭心的理解与记忆，对“品牌”与“饭碗”之间的关系有了更切身的感受。张瑞敏并没有就此而止，也没有把管理停留在“对责任人进行经济惩罚”这一传统手段上，他要充分利用这一事件，将管理理念渗透到每一位员工的心里，再将理念外化为制度，构造成机制。在接下来的一个多月里，张瑞敏发动并主持了一个又一个会议，讨论的主题却非常集中“我这个岗位有质量隐患吗？我的工作会对质量造成什么影响？我的工作会影响谁？谁的工作会影响我？从我做起，从现在做起，应该如何提高质量？”在讨论中，大家相互启发，相互提醒，更多的则是深刻的内省与反思。于是，“产品质量无缺陷”的理念得到了广泛的认同。

随后他们走出了关键的第三步，构造“零缺陷”管理机制。在海尔每一条流水线的最终端，都有一个“特殊工人”，流水线上下来的产品，在经过各个工序时，工人检查出上一工序留下的缺陷后就及时地记录在一张缺陷条上。这位特殊工人的任务就是负责把这些缺陷维修好。他把维修的每一个缺陷所用的时间记录下来，作为向“缺陷”的责任人索赔的依据，他的工资就是索赔所得。那么，当产品合格率超过规定标准时，他还有一份奖金，合格率越高，奖金越高。这就是著名的“零缺陷”机制，这个特殊工人的存在，使零缺陷有了机制与制度上的保证。这一制度的推出，使海尔的产品、服务、内部各项工作都有了更高质量平台。

1989 年起，海尔正式实施“OEC 管理法”。所谓 OEC 即 Overall（全方位）、Every（每人、每天、每件事）、Control&Clear（控制和清理），总结起来叫“日事日毕，日清日高”“人人有事管，事事有人管”。今天的事情今天一定要把它做完，今天的事情比昨天要有提高，每天都有提高。举一个比较形象的例子，如果你每天把一元钱存到银行里去，银行给你的利息是复利而不是单利，而这个利率是 1%，每天都是昨天的 1%的话，那么，这一元钱大约在 70 天后连本带利取出来的时候就是 2 倍，也就是说如果每天的工作都比昨天提高 1%，70 天就会提高 1 倍。当时，海尔首先建立了质量价值券考核制度，员工收入实行质量否决制，要求员工不但要干出一台，而且要干好一台产品。其次，考核重点是遵章守法，凡是企业的规章制度，不是摆样子，而是建立一项就执行一项，考核一项就兑现一项。最后，分配制度主要同质量挂钩，谁出现质量问题，就按考核规定扣谁的工资。这种做法从人力资源管理层面有力地配合和推动了名牌战略的实施。

问题：

1. 根据案例内容，简要说说海尔的“OEC 管理法”是如何提高企业产品质量的？
2. 你能说说“OEC 管理法”和“5S”管理法的区别和联系吗？

第四章 物流管理

在现代企业中，物流管理作为企业资源计划的有效构成，是现代企业管理中必不可少的部分，它能根据生产需求、客户订单调整库存，完成原材料采购、仓储与配送管理，实现以最低的物流成本达到用户所满意的服务。

科学有效的物流管理能达到高效分销管理，做好库存仓储和优化物料采购，有效管理销售订单，追踪产品位置，控制仓储物料的数量，保证货物及时到达，能够提高企业流通效率，降低成本，提高企业效益，对于企业发展有着重要的作用。

学习目标

- 了解物流管理概念及物流管理在企业中的重要性
- 掌握采购的概念、分类及采购方式和基本流程
- 了解采购管理的主要内容和原则
- 掌握采购合同的内容及其订立程序
- 了解仓储管理概念，掌握仓储活动的主要内容
- 掌握物流仓储作业的基本流程
- 了解物流配送管理的概念，掌握配送模式的类型
- 掌握配送的业务流程

第一节　物流管理概述

随着生产技术和管理技术的提高，企业之间的竞争日趋激烈，企业在降低生产成本方面的竞争似乎已经走到了尽头，竞争的焦点开始从生产领域转向物流活动领域。如何控制并降低物流成本成为企业提高市场竞争力的关键所在，如海尔集团将物流管理作为企业核心竞争力，取得了明显的经济效益，因此物流被认为是企业的“第三个利润源泉”。

20 世纪 60 年代，日本早稻田大学西泽修教授提出了物流成本“冰山”学说，他指出，企业的物流成本具有很大的虚假性，就像一座漂浮在水上的冰山，浮出水面的部分人们可以看到，而大量沉在水面下的是人们看不到的黑色区域（见图 4—1）。现行财务会计核算制度记录的对外支付运费和保管费，只占整个物流成本的 30%。而在企业经营过程中消耗的大量物流成本，由于混在了制造成本、销售成本和管理成本之中，很难进行统计，根本看不到全貌。物流“冰山”学说的出现对企业认识物流成本和对物流进行管理的发展起到很好的指导作用。

图 4—1　物流冰山图

国家标准《物流术语》的定义中指出：物流（logistics）是物品从供应地向接收地的实体流动过程中，根据实际需要，将运输、储存、采购、装卸搬运、包装、流通加工、配送、信息处理等功能有机结合起来实现用户要求的过程。物流管理（Logistics Management）是指根据物质资料实体流动的规律，应用管理的基本原理和科学方法，对物流活动进行计划、组织、指挥、协调、控制和监督，使各项物流活动实现最佳的协调与配合，以降低物流成本，提高物流效率和经济效益。

知识链接 **企业“第三利润源泉”含义**

企业“第三利润”是日本的西泽修教授在他的著作《物流——降低成本的关键》中提出的。1950 年日本正处于工业化大生产时期，企业的经营重点放在了降低制造成本上，这便是日本第二次世界大战后企业经营的“第一利润”。1955 年从美国引进了市场营销技术，日本迎来了市场营销时代，这一时期，企业顺应日本政府经济高速增长政策，把增加销售额作为企业的经营重点，这便是企业经营的“第二利润”。1965 年起，日本政府开始重视物流，这一时期降低制造成本已经有限，增加销售额也已走到尽头，急需寻求新的利润，物流成本的降低使“第三利润”的提法恰恰符合当时企业经营的需要，因而“第三利润源泉”一提出，就备受关注，广为流传。西泽修教授的“第三利润源泉”学说，不仅推动了当时日本物流的发展，也对我国和亚太地区的物流发展产生了重要影响。

第二节 采 购

一、采购的含义

采购是指采购人或采购实体基于生产、销售、消费等目的，购买商品或劳务的交易行为。采购也可以理解为：企业在一定的条件下从供应市场获取产品或服务，作为企业资源，以保证企业生产及经营活动正常开展的一项企业经营活动。如企业购买原材料或半成品进行加工生产为成品，最终企业将成品销售于市场。

名人名言

在一个公司里，采购和销售是仅有的两个能够产生收入的部门，其他任何部门发生的都是管理费用。

——杰克·韦尔奇（美国）

采购的定义非常广泛，既包括生产资料的采购，又包括生活资料的采购，也包括事业单位、政府和个人的采购等，采购除了以购买方式占有物品之外，还可以通过租赁、借贷和交换等途径取得物品和劳务的使用权和所有权，来达到满足需求的目的。如企业需要租赁办公楼、生产厂区等场所作为企业的资源，来进行生产经营，那么企业通过租赁形式获得企业的资源也是采购。

案例链接 **采购的重要价值**

某内燃机厂采购资金大约占销售额的 60%。初步估算，目前如果该厂年销售额为 10 亿元人民币，净利润为 6 000 万元人民币。原来采购资金为 6 亿元。

如果可以在原材料采购上降低成本，压缩 10%，即原来采购中每 100 元的物品用 90 元采购。可以节省资金的数量为 6 000 万元。

因为整个公司的利润也只有6 000万元，所以只要能把采购费用降低10%，就可以使得利润翻一番！可以看出采购对于降低企业成本和提高资金效率有重要的作用。

二、采购的分类

1. 按采购价格分类

（1）招标采购。招标采购是指通过招标的方式，邀请所有的或一定范围的潜在供应商参加投标，采购实体通过某种事先确定并公布的标准从所有投标者中评选出中标供应商，并与之签订合同的一种采购方式。

（2）询价采购。询价采购是由买卖双方直接讨价还价实现交易的一种采购行为。

（3）比价采购。比价采购是在买方市场条件下，在选择两家以上供应商的基础上，由供应商公开报价，最后选出。

（4）议价采购。议价采购是指采购人员与厂家谈判，讨价还价，谈定价格后决定购货。

（5）定价采购。定价采购是指厂家凭市场经验对采购商品定好采购价格进行采购。

2. 按采购主体分类

（1）私人采购。私人采购是为满足家庭或个人的需要而进行的采购。

（2）团体采购。团体采购通常是指某些团体通过大批量地向供应商订购，以低于市场价格获得产品或服务的采购行为。

（3）企业采购。企业采购是指企业采购部门通过各种渠道，从外部购买生产经营所需物品的有组织的活动。

（4）政府采购。政府采购又称统一采购或公共采购，是指各级政府及其所属实体为了开展日常的政务活动和为公众提供社会公共产品和公共服务的需要，在财政的监督下，以法定的方式、方法和程序（按国际规范一般应以竞争性招标采购为主要方式），从国内外市场上为政府部门或所属公共部门购买所需货物、工程和服务的行为。

3. 按采购技术分类

（1）传统采购。传统采购一般是每个月末企业各个单位（部门）报下个月的采购申请计划到采购部门，采购部门将各个单位（部门）的采购申请计划汇总，形成一个统一采购计划，然后再找供应商去订货。传统采购依据采购申请计划，库存量大，资金积压多。

（2）现代采购。现代采购就是用现代科学理论为指导，编制采购计划的方法，现代采购主要有定量订货法采购、定期订货法采购、MRP采购、JIT采购、供应链采购和电子商务采购等。

1）定量订货法采购。定量订货法采购是预先确定一个订货点和一个订货批量，然后随时检查库存，当库存下降到订货点时，就发出订货，订货批量的大小每次相同，都等于规定的订货批量。

2）定期订货法采购。定期订货法采购是预先确定一个订货周期和一个最高库存水准，然后以确定的订货周期，周期性检查库存，发出订货。每次订货量等于规定的最高库存水准与检查库存时的实际库存量的差额。

3）MRP 采购。MRP（Material Requirement Planning，物料需求计划）采购，主要应用于生产企业。它是由企业采购人员用 MRP 应用软件制订采购计划来进行采购的。MRP 采购的原理是根据主生产计划（MPS）、产品结构清单（BOM）以及产品及其零部件的库存量，逐步计算出产品的各个零件、原材料所需投产时间、投产数量，或者订货时间、订货数量，也就是产生出所有零件、原材料的生产计划和采购计划。然后按照这个计划进行采购，这就是 MRP 采购。

4）JIT 采购。JIT（Just In Time）采购，也称为准时化采购，是一种完全以满足需求为依据的采购方法。需方根据需要，对供应商下达订货指令，供应商将指定品种和数量的商品送到指定的地点。

5）供应链采购。供应链采购是一种供应链机制下的采购模式。

6）电子商务采购。电子商务采购是在电子商务环境下的采购模式。它的基本原理是由采购人员通过网络，在网上寻找供应商和所需品种、在网上洽谈贸易、网上订货甚至在网上支付货款，然后供应商进行送货，这样完成全部的采购活动。

三、采购方式

采购方式是采购主体获取资源或物品、工程、服务的途径、形式与方法。采购方式决定着企业能否有效地组织、控制物品资源，能否正常地生产和经营以及能否实现较大的利润空间，而采购方式的选择主要取决于企业制度、资源状况、环境优劣、专业水准、资金情况等。

1. 按采购物品交割时间划分

（1）现货采购。现货采购是指采购方与物品或资源持有者协商后，即时交割的采购方式。现货采购具有即时交割、责任明确、无信誉风险、灵活方便、手续简单、易于组织管理等优点，但现货采购的依赖性较大。

（2）远期合同采购。远期合同采购是指供需双方为稳定供需关系，实现商品购销而签订远期合同的采购方式。通过合同约定，实现商品的供应和资金的结算，并通过法律和供需双方的信誉与能力来保证预定交割的实现。这一方式只有在具有良好的经济关系、法律保障和企业具有一定的信誉和能力的情况下才能得以实施。

（3）期货采购。期货可分为金融期货和商品期货。这里所讲的是商品期货的采购。期货采购是采购者在交易所买入标准化的、受法律约束的期货合约，在未来的某时刻、某地点，按规定购入货物的采购方式。

2. 按采购权限划分

（1）集中采购。集中采购是指企业在核心管理层建立专门的采购机构，统一组织企业所需物品的采购业务。跨国公司的全球采购部门的建设是集中采购的典型应用，以组建内部采购部门的方式，来统一其分布于世界各地分支机构的采购业务，减少采购渠道，通过批量采购获得价格优惠。随着连锁店、特许经营和OEM厂商的出现，集中采购更是体现了经营主体的权力、利益、意志、品质和制度，是经营主体赢得市场，控制节奏，保护产权、技术和商业秘密，提高效率，取得最大利益的战略和制度安排。

(2) 分散采购。分散采购是将企业或企业集团的采购权限分散到企业下属各单位(如子公司、分厂、车间或分店)，由各需求单位根据自身生产经营需要自行组织实施的采购方式。分散采购是集中采购的完善和补充，有利于采购环节与存货、供料等环节的协调配合，有利于增强基层工作责任心，使基层工作富有弹性和成效。

3. 按采购环节多少划分

(1) 直接采购。这种方式是指采购主体自己直接向物品制造厂家采购的方式。目前，绝大多数企业均使用此类采购方式，实现自身生产需要。

(2) 间接采购。这种方式是指通过中间商实施采购行为的方式，也称委托采购或中介采购。

四、采购流程

采购流程通常是指企业选择和购买生产所需要的各种原材料、零部件等物资的全过程。采购的基本流程如图4—2所示。

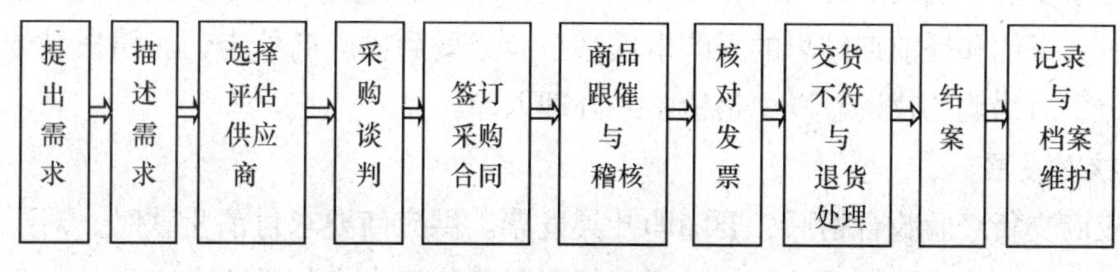

图4—2 采购流程

1. 提出需求

任何采购都产生于企业中某个部门的确切需求，即需要什么、需要多少、什么时候需要等。企业确定采购需求的分析方法一般有定期订购法、定量订购法、物料需求计划、物资消耗定额、市场需求预测、统计分析法等。在企业确定需求后，一般由需求部门填写采购申请单说明需求详细情况。

2. 描述需求

描述需求即对所需要的商品、数量等进行确认，即确认应采购什么、采购多少、什么时候采购以及怎样采购等。准确描述所需要的商品是采购部门和使用部门的共同责任，需两者进行有效交流，以避免采购商品出错而导致企业资金供应中断造成严重的后果。描述需求要求提出需求申请部门的领导和采购部门负责人审核签名，以对采购申请内容做出确认。

3. **选择评估供应商**

供应商是指可以为企业生产提供原材料、设备、工具及其他资源的企业。供应商是影响企业生产运作系统的最直接外部因素，也是保证企业产品的质量、价格、交货期和服务的关键因素。选择供应商应从调查供应商开始，调查供应商内容包括：供应商实力及规模，供应商提供产品及其品种、规格、质量水平、产品价格，供应商的信用度，供应商的地理位置等。一般各类产品至少要选择 3 家供应商，以保证该产品的货源。

4. **采购谈判**

采购谈判是指企业为了获得满意的采购产品或原材料，与供应商对采购业务的有关事项，如商品的品种、数量、包装要求、价格、付款方式、运输方式等条件进行反复磋商，谋求达成协议，建立双方都满意的买卖关系。采购谈判内容包括产品条件谈判、价格条件谈判、其他条件谈判（除了产品条件谈判、价格条件谈判之处的条件谈判）。

5. **签订采购合同**

在达成采购谈判条件后，买卖双方就可以签订采购合同（采购合同的具体内容后续讲解）。

6. **商品跟催与稽核**

在采购部门与供应商签订采购合同后，商品跟催与稽核是采购部门必须做的，以确保供应商能够履行其货物发运的承诺。如果产生质量或发运等方面的问题，采购方就需要对此尽早了解，以便及时采取相应的行动。商品跟催需要经常询问供应商的进度，对关键的、大额的和提前期较早的采购事项甚至有必要到供应商处走访。稽核是依据采购合同规定，对采购的物资予以严格检验并办理入库。

7. **核对发票**

供应商交货经验收合格后，要随即开具发票。供应商要求付清货款时，对于发票的内容是否正确，应先经过采购部门核对，然后财务部门才能办理付款。

8. **交货不符与退货处理**

采购部门在发现供应商交货不符合合同规定后在一定期间内通知对方并进行退货处理。

9. **结案**

无论是对验收合格的货物进行的付款，还是对验收不合格的货物进行的退货，均须办理结案手续，清查各项书面资料有无缺失等，签报高级管理层或权责部门核阅批示。

10. **记录与档案维护**

凡经过结案批示后的采购案件，应列入档案登记编号分类予以保管，以便查阅。档案应该具有一定保管期限的规定。

五、采购合同

采购合同是由采购双方在进行交易前为保证双方的利益，对采购双方均有法律约束的正式协议。采购合同是整个采购过程中重要的文件之一，它是采购关系的法律形式，对于确立规范有效采购活动、明确采购双方的权利义务关系、保护当事人的合法权益具有重要意义。

1. 采购合同的内容

合同具有法律效力，合同上规定签约者应履行的义务和应享有的权利，受到国家法律的承认、维护和监督，违反时要受到法律的制裁。一份完整的采购合同主要包括开头、正文、结尾及附则等几部分。

（1）开头部分。合同的开头部分包含的主要内容：①合同的名称。②合同的编号。③双方的企业名称及其名称和地址，自然人则写明姓名和住所。④签订地点。⑤签订时间。

（2）正文部分。合同的正文部分包含的主要内容：①货物的品种、规格和数量。②货物的质量和包装。③货物的价格和结算方式。④交货期限、地点和发送方式。⑤货物验收办法、期限和地点。⑥违约责任。签约一方不履行合同，必将影响另一方经济活动，因此，违约方应支付违约金或赔偿金。⑦合同变更和解除的条件。合同中应规定：在什么情况下可变更或解除合同；在什么情况下不可变更或解除合同，通过什么手续来变更或解除合同等。⑧保险。保险条款包括险种、选择的保险公司及保险金额。⑨仲裁。当事人在合同中约定仲裁条款或者在纠纷发生后达成仲裁协议，是仲裁机构受理合同纠纷的法律依据。⑩不可抗力。不可抗力包括：不可抗力事故的范围及法律后果、出具事故证明的机构和事故后通知对方的期限等。

（3）结尾部分。合同的结尾部分包含的主要内容：① 合同份数及生效日期。②签订人的签名。③双方的单位公章。

（4）合同的附则。合同条款中如有未尽事宜，可以以书面形式加以补充，即附则。

2. 采购合同的签订

（1）签订采购合同应主要遵循以下原则：

1）合同当事人必须具备法人资格。

2）合同必须合法。

3）必须按平等互利、充分协商的原则签订合同。

4）当事人应当以自己的名义签订经济合同；委托别人代签，必须要有委托证明。

5）采购合同应当采用书面形式。

（2）订立采购合同的程序。订立采购合同的程序是指采购合同当事人对采购合同的内容进行协商，取得一致意见，并签署书面协议的过程，如图 4—3 所示。

1）要约。要约又称为发盘、出盘、发价、出价、报价，是希望和他人订立合同的意思表示。要约是一种订约行为，发出要约的人称为要约人，接受要约的人称为受要约人。要约必须有订立合同的意图，一经受要约人承诺，双方即订立合同。如供应商产品报价、付款方式等明确意思表示。

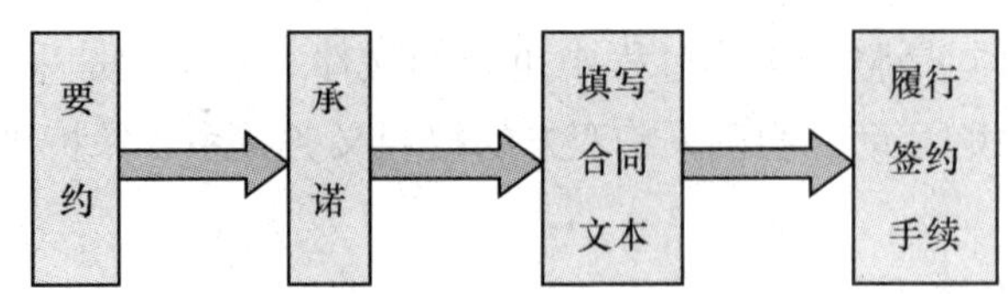

图 4—3 订立采购合同的程序

2）承诺。承诺是受要约人同意要约的意思表示。承诺必须在要约期限内向要约人表示同意，并且承诺内容与要约的内容一致。如果对方对要约内容提出新的意见，则称为还盘。往往合同条款签订之前会经过几次发盘、还盘、再发盘、再还盘，直到最后对方承诺，即合同成立。

3）填写合同文本。将采购谈判条款以合同文本方式记录下来，一般正式合同（即双方签字的合同），合同各方各执一份。

4）履行签约手续。合同各方签约则合同正式成立。

知识链接

采购合同的格式及样本设备采购合同书

需方：

供方：

根据需方生产需要，需方订购供方供应的__________，经双方协商一致签订本合同，以便共同遵守。

1. 设备名称、数量、合同价格、交货期限

设备名称	数量（套）	合同价格（万元）	交货期限
			××××年___月___日前，合同设备到货安装调试完毕，并通过需方最终验收
合同总金额（大写）人民币_______（含 17%的增值税，本价格为最终价，供方不得以市场变化或其他理由进行增补）			

2. 供货范围和交货方式

2.1 供货范围：双方签订的《____________________协议》。

2.2 交货方式：由供方负责将合同设备运送至需方指定的交货地点安装调试，并承担全部运费。在合同设备运输及安装调试过程中造成的设备损伤，由供方负责进行修复，并承担修复费用。设备发运前供方需提前书面通知需方并经需方同意。

3. 质量、技术标准及质量保证条款

3.1 具体详见双方签订的《____________________协议》。

3.2 供方保证所供货物是全新的、未经使用过的，并符合双方所签订的技术协议书要求的产品。

4. 验收标准、方式、地点

4.1 验收标准：《____________________协议》。

4.2　验收方式：《＿＿＿＿＿＿＿＿＿＿＿＿＿＿＿协议》。

4.3　最终验收及交货地点：产品验收以在需方所在地进行的最终验收为准。

5. 保证

5.1　供方保证合同设备是全新的、技术上先进的、质量上可靠的，适合于合同规定的用途和目的并且符合有关文件的规定。

5.2　供方保证所提供的技术资料应是完整的、清楚的和正确的，并且能满足需方所规定的合同设备试运行、性能考核、操作和维修的要求。

5.3　供方保证及时派遣合格的技术人员对合同设备的安装、试运行、性能考核、验收、操作和维修提供必要、正确和充分的技术服务和技术培训。

5.4　如因技术专利或其他知识产权发生纠纷与需方无关。

6. 付款时间和方式

6.1　合同生效后15个日历日内，预付货款30%即＿＿＿＿（大写金额）；合同设备到货安装调试完毕，且最终验收合格，并收到供方开具的合同金额17%增值税发票后30个日历日内，付货款60%即＿＿＿＿（大写金额）；质保期满且合同设备无任何质量问题后30个日历日内，付余款10%即＿＿＿＿＿（大写金额）。

6.2　付款方式：通过银行转账支付。

7. 违约责任及争议解决方式

7.1　供方延期交货的，应按合同总价每个日历日千分之一承担赔偿责任；延期交货超过60个日历日的，需方有权解除合同，并有权追究供方相应的违约责任及索赔因此造成的直接和间接损失。

7.2　若因设备设计及制造等方面缺陷导致设备出现故障或质量问题，供方应负责修理，并承担相关费用。

7.3　若因需方使用不当或不可抗拒因素导致设备故障，供方应协助修复和处理，所需费用由需方负责。

7.4　本合同履行中如发生争议，双方友好协商解决；协商解决不成，合同双方均可向厦门仲裁委员会申请仲裁。

8. 不可抗力

8.1　如果任何一方当事人受战争、非人为因素造成的严重的火灾、水灾、风灾、地震、洪水以及其他不能控制、不能避免且不能克服的事件的影响而无法执行合同，受影响的一方应以电传或传真方式通知另一方当事人，并应在不可抗力事件发生后7天内出具有关部门出具的证明文件提交另一方当事人。

8.2　受不可抗力事件影响的一方当事人对于不可抗力事件导致的合同义务的延迟履行或不能履行，不承担任何责任。但该方当事人应尽快以电传或传真的方式将不可抗力事件结束或消除的情况通知另一方当事人。

8.3 双方当事人应在不可抗力事件结束或其影响消除后立即继续履行其合同义务，合同期限也相应延长。如果不可抗力事件的影响持续超过30个日历日，任何一方当事人均有权终止合同。

9. 质保期及售后服务

9.1 质量保证期自合同设备在需方现场最终验收合格之日起12个月。

9.2 合同设备运抵需方现场后，供方需在5个工作日内派驻1～2名技术人员抵达需方现场进行安装调试验收，并负责对需方操作和维护人员进行免费技术培训，确保需方操作人员能够正确操作合同设备。

9.3 在质保期内，供方采取电话指导、现场服务、设备返厂修理等全方位服务方式。供方保证一旦接到需方关于服务的联络，马上给予回应，对于需要现场服务解决问题的，在必要的维修物品齐备的前提下48小时内到需方现场对应解决。

10. 其他约定

10.1 本合同经双方签字并盖章后生效。

10.2 《________________________协议》作为本合同的附件，与本合同具有同等效力。

10.3 对合同条款的任何补充、增添和修改应以书面方式进行并由双方授权代表签字。

10.4 没有另一方当事人的事先同意，任何一方当事人不得将合同项下的任何权利和义务转让给第三方。

10.5 双方当事人之间的一切联络往来应以书面形式进行。有关重要事项以传真或特快专递的方式确认。

10.6 本合同共三页，一式二份，供需双方各持一份，效力同等。

甲方	乙方
单位名称：（章）	单位名称：（章）
企业负责人：	法定代表人：
委托代理人：	委托代理人：
（或项目经理）	（或项目经理）
地址：	地址：
开户银行：	开户银行：
账号：	账号：
签署日期：　　年　　月　　日	签署日期：　　年　　月　　日

六、采购管理

采购管理不仅面向全体采购人员，而且面向企业中配合采购活动协助的部门，其任务是调动整个企业的资源，满足企业的物资供应，确保企业经营战略目标的实现。

1. 采购管理的内容

采购管理的目标是“用最低的成本提供高品质的物料，保证制造和生产的需要”，因而采购管理的内容包括制订采购计划、实施采购计划、采购评估与分析等，具体内容与过程如图 4—4 所示。

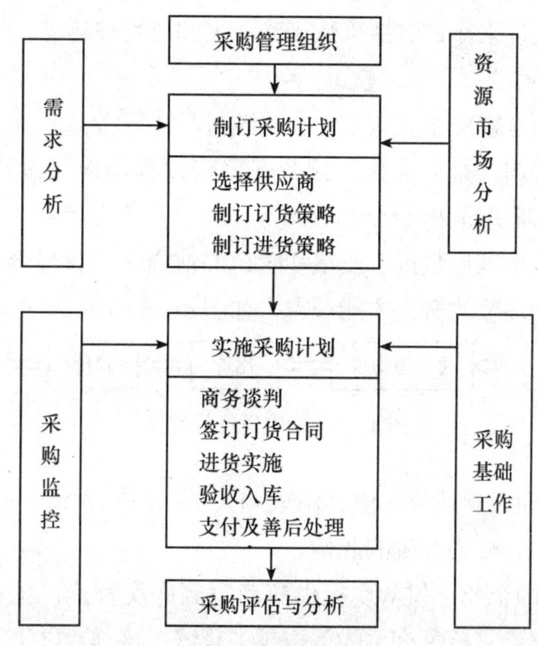

图 4—4 采购管理的具体内容与过程

(1) 采购管理组织。采购管理组织是采购管理最基本的组成部分，包括根据企业特点建立采购组织结构、制定采购组织的采购制度、分析影响采购组织的因素、建立采购组织内部的培训机制等内容。

(2) 需求分析。需求分析就是了解企业所需采购品种、采购数量、采购时间等采购详情，采购需求分析是为企业制订年度采购计划所做的前期准备。

(3) 资源市场分析。资源市场分析就是根据企业所采购的商品，分析资源市场的情况，包括分析供应商与商品品种，了解商品资源分布情况、供应商情况、品种质量情况、价格情况和交通运输情况等。

(4) 制订采购计划。制订采购计划是根据需求品种情况和供应商情况，制订出切实可行的采购计划，即包括供应商的选择、供应商品的品种、采购策略以及具体的实施进度计划等。

(5) 实施采购计划。实施采购计划就是根据制订好的进度计划实施，并分配到具体负责人。采购计划实施包括选择并评估供应商、与供应商谈判、签订合同、跟催与验收货物、办理入库、支付货款及处理善后处理等活动。

(6) 采购评估。采购评估就是一次采购完成后对本次采购活动的总结评估，或按时间段进行评估，如按月末、季末、年末。采购评估内容包括评价采购活动的效果、总结经验、分析存在的问题及解决方法等。

(7) 采购监控。采购监控是指对采购活动进行的监控活动，包括采购人员、采购商品的来源、资金等。

(8) 采购基础工作。采购基础工作是指企业要有科学采购知识、为建立有效的采购系统而做的一些基础建设工作，包括采购策略、采购谈判技巧等。

2. 采购管理的原则

企业采购最终目的是解决企业需求，在采购过程中既要降低企业采购成本，又要满足企业需求，使企业采购效益最大化。因此在采购过程中应该围绕“价”“质”“时”“量”“地”5 个基本要素进行采购活动。

(1) 适价。适价是指满足数量、质量和时机的前提下支付最合理的价格。一个合适的价格要经过以下几个环节的努力才能获得，如图 4—5 所示。

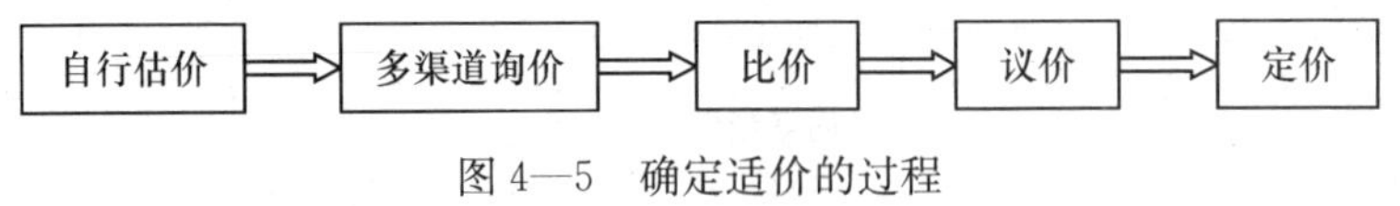

图 4—5　确定适价的过程

1) 自行估价。企业成立估价小组，由采购人员、技术人员、成本会计人员等组成，估算出符合品质要求的、较为准确的底价。

2) 多渠道询价。即企业不仅从现行供应商得到同类型产品的报价，也可从新供应商得到同类型产品的报价，总之询价的渠道越多越好，这样可以进行对比优选。

3) 比价。采购人员在对不同供应商提供的价格进行比价时，必须考虑到供应商提供条件与价格的因素，不能只比价格，应该将不同供应商报价中的条件进行转换一致后才能进行比价。

4) 议价。议价是采购人员与供应商之间讨价还价的过程，一般需要多次的谈判和磋商。

5) 定价。经过以上四个环节后，买卖双方均可接受的价格便作为日后的正式采购价。

(2) 适质。适质是指采购物资的质量适当。唯有质量合格的原材料、零部件，才能生产出合格的产品，质量是产品的生命。

(3) 适时。适时是指采购时机不可过早，也不能过迟。采购应该与企业计划相合拍，采购过早可能会造成库存积压，占用采购资金，采购过晚又可能会影响企业生产进度，造成不能按时向客户交货。

(4) 适量。适量是指采购的数量不宜过多或过少。

（5）适地。适地是在适当的地方，选择适当的供应商进行采购。由于供应商的“群聚效应”，即供应商聚集在同一地域构成了良好的采购环境，不仅可以使采购商货比三家，而且还可以节约采购成本。如广州市组织一年两次广州进出口交易会，交易会汇聚国内外供应商、采购商。

第三节　仓　储

仓储是指对各类商品的进、出、存等仓储业务和作业进行计划、监督、控制与核算等活动的统称。做好仓储管理，对于降低物流成本，确保货物质量完好、数量准确，提高服务质量有着十分重要的意义。仓储活动主要包括商品入库作业、在库管理和出库作业等。仓储作业流程如图 4—6 所示。

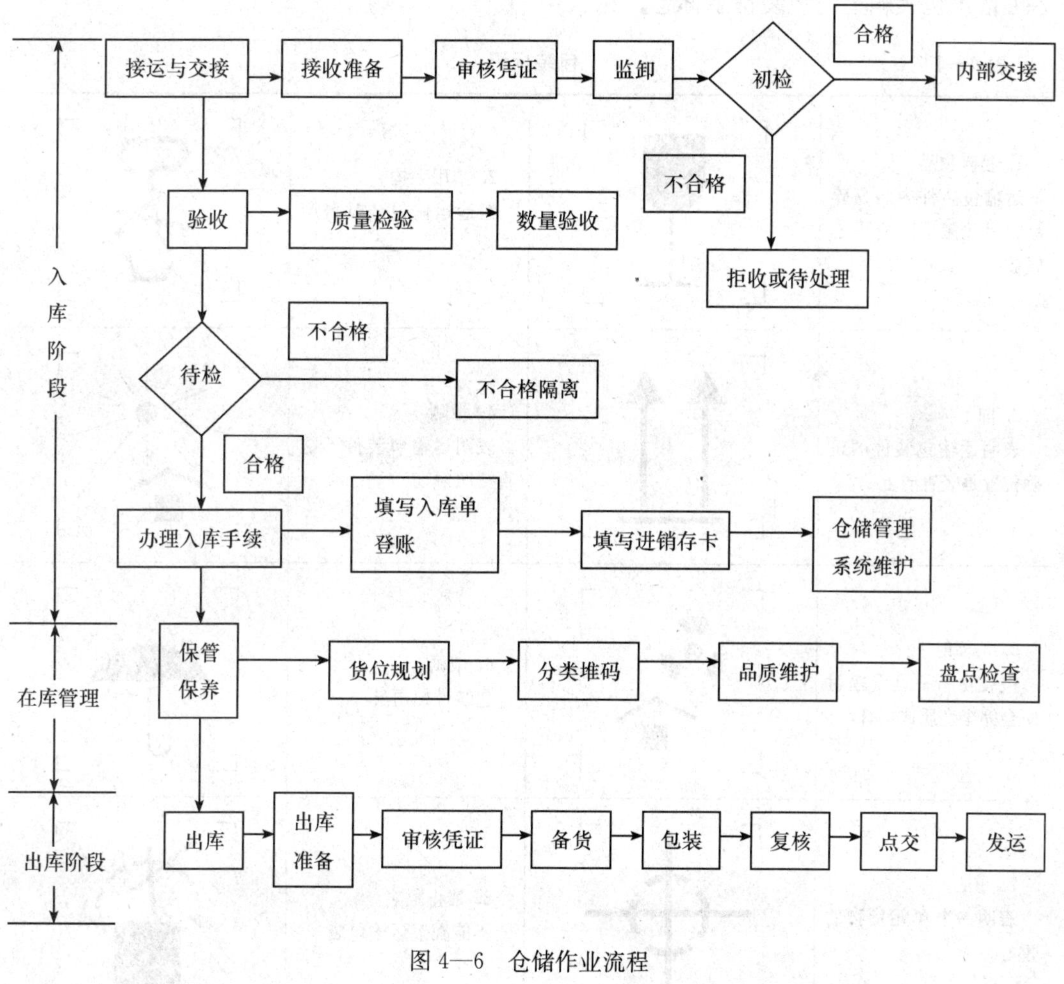

图 4—6　仓储作业流程

一、入库作业

入库作业是仓储作业活动之一，主要环节包括接运交接、验收、办理入库手续。

1. 接运交接

接运交接是商品入库前重要的业务环节，是指商品的接运与单证的交接。商品的接运交接内容包括：接收准备、审核凭证、监卸、初检。商品入库业务涉及供应商、承运商、保险公司及收货单位等当事人的责任划分，因而需要严格执行接运交接。

(1) 接收准备。根据预先得知接收商品，进行相应的接收准备。主要包括人员准备、搬运设备的准备、货位的准备、采取的检验方式等。

(2) 审核凭证。审核凭证主要是审核送货单或入库单的内容、是否加盖有效章印、是否有负责人的签名等。

(3) 监卸。监督商品卸车，以保证商品在卸车过程中不会损坏。这一过程中要求搬运工认识包装箱上的包装指示标志，见表 4—1。

表 4—1　　包装标识

1. 易碎物品 运输包装件内装易碎品，因此搬运时应小心轻放		2. 禁用手钩 搬运运输包装时禁用手钩	
3. 向上 表明运输包装件的正确位置是竖直向上		4. 怕晒 表明运输包装件不能直接照射	
5. 怕辐射 包装物品一旦受辐射便会完全变质或损坏		6. 怕雨 包装件怕雨淋	
7. 重心 表明一个单元货物的重心		8. 禁止翻滚 不能翻滚运输包装	

续表

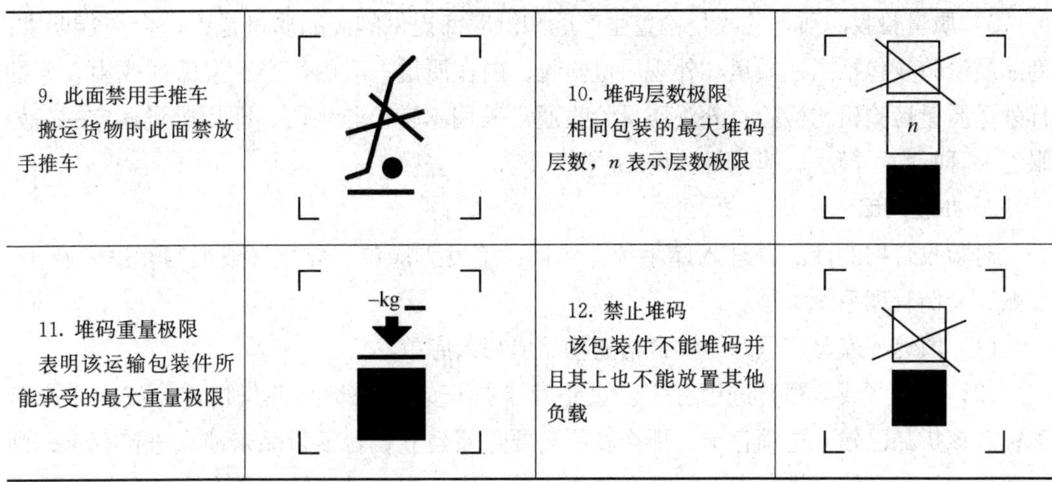

9. 此面禁用手推车 搬运货物时此面禁放手推车		10. 堆码层数极限 相同包装的最大堆码层数，n 表示层数极限	n
11. 堆码重量极限 表明该运输包装件所能承受的最大重量极限	-kg	12. 禁止堆码 该包装件不能堆码并且其上也不能放置其他负载	

（4）初检。初检是在监卸货物过程中进行的，是对合格的商品进行内部交接；对初检不合格的商品采取拒收或通知对方进行处理。初检内容主要有：一是检查包装的标识与包装完成情况，二是检查大件数量是否准备无误，三是检查外观质量完成情况，四是检查货物受潮、霉变和锈蚀情况。

2. 验收

此环节是对初检合格的商品，进一步进行验收。因为入库业务涉及供应商、承运商、保险公司及收货单位等当事人的责任划分，因此验收是十分重要的。验收合格商品办理入库手续，验收不合格商品不办理入库手续，通知厂家待处理。

（1）验收的基本要求

1）准确。严格按照合同规定的标准和方法进行验收，认真校正和合理使用验收工具。

2）及时。及时验收有利于加快商品周转，做到先小批后大批，先易后难，验收结束时及时签收。

3）严格。验收人员应明确每批商品验收的要求和方法，并认真地按仓库验收入库的业务操作程序办理。

（2）验收的内容

1）核对凭证。核对验收收据，如货主或业务主管部门提供的入库通知单、订货合同、送货单等；核对供货单位提供的验收凭证，如质量保证书、合格证、说明书和保修卡等；核对承运单位提供的运输单证，如运输途中发生货损货差问题时，送货或提货人员必须有相关事故记录，包括货物残损情况的货运记录、公路运输交接单等。

2）数量验收。数量验收主要是验收实收货物数量是否与单据上数量相符。数量验收分两种计数情况，一种是计件商品的件数验收，如家用电器、标准件等，其计量单位一般为台、只等；另一种是计重商品的重量，如工业原材料等，其计量单位一般为

kg、t等。

3）质量验收。质量验收是检查生产厂和供应商提供的商品质量是否符合交货要求；商品质量验收包括内在质量和外观质量验收，内在质量一般由生产厂家保证或由仓库抽样外送质量检验机构检验；外观质量验收通常采用感官检验手段，即用感觉器官——如眼看、耳听、手摸、鼻嗅来检验商品质量。

3. 办理入库

对验收合格的商品办理入库手续，包括：签发入库单、建立（或填写）进销存卡、登账、仓储管理系统维护。

（1）填写入库单。只对验收合格的物品填写入库单。

（2）建立（或填写）进销存卡。进销存卡是记录每一货品存货情况，放在相应货架；若该货品已建立进销存卡，那么就不需要重新建立；若该货品未建立进销存卡，则需要建立该货品的进销存卡；要求在每次货品入库、出库时填写进销存卡，包括入库数量、出库数量、库存数量、填写人签名等。

（3）登账。即填写进销存账；根据入库单或出库单填写进销存账，入库填写在收入栏、出库填写在支出栏。

（4）仓储管理系统维护。若仓库使用仓储管理系统应及时进行入库、出库手续办理。

二、在库管理

在库管理包括货位规划、分类堆码、品质维护、盘点检查。

1. 货位规划

货位规划是指将仓库分区分类规划，并对仓库、货区、货架、货位予以编号进行定位，如图4—7至图4—9所示。一般采用四号定位法，就是将库房、货架、层数、货位四者统一编号，如3－1－2－3，表示第3号仓库，第1个货架，第2层，第3个货位。编码要求：货架层号要求从下到上依次编码，货位号要求面向货架从左到右依次编码。

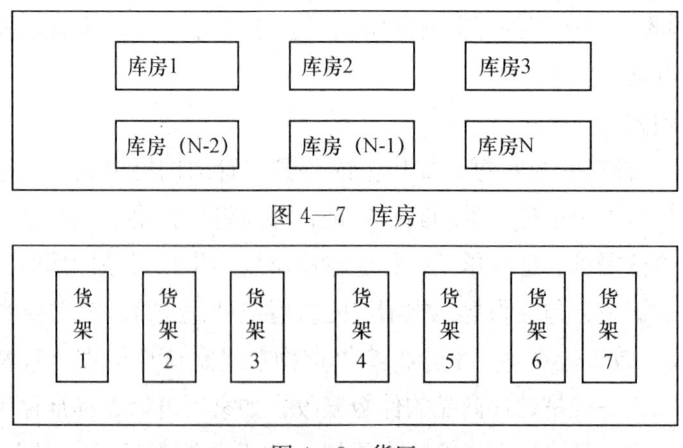

图4—7　库房

图4—8　货区

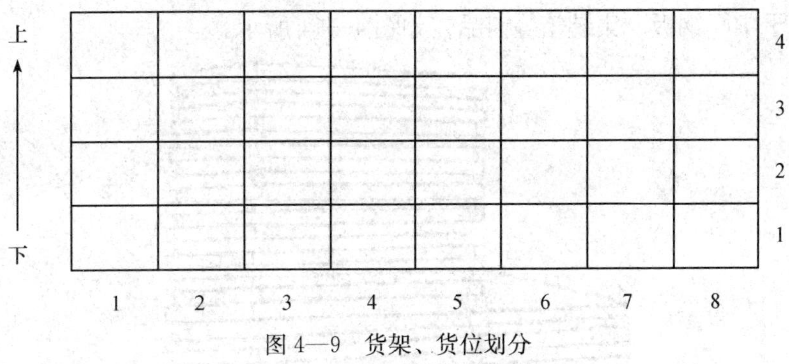

图 4—9 货架、货位划分

知识链接 **商品储存规划原则**

商品储存规划的原则是分区分类、专仓专储。所谓分区分类，就是根据货物性质、保管要求、消防方法和设备条件，把仓库划分为若干个保管区，进行分类储存、保管的方法。如食品区、日化区等。所谓专仓专储，就是对于某些性质特殊、不宜与其他物品共储的货物，在仓库中划出专门的仓间，进行专门储存、保管的方法。如食品中的易受温度影响的巧克力，需要在仓库中划出专门的空间进行存储。

2. 分类堆码

分类堆码是指将入库货物按照不同类别进行堆码，堆码要根据商品的特性、形状、规格、质量及包装质量等情况，并综合考虑地面的负荷、储存的要求，将商品分别叠堆成各种码垛，如图 4—10 所示。

图 4—10 商品堆码

堆垛根据商品的基本性能、外形等不同，有各种堆码形式。堆码基本形式有重叠式、纵横交错式、仰伏相间式、压缝式、宝塔式、通风式、栽柱式、鱼鳞式、衬垫式和架子式等。下面介绍几个常用堆垛方法：

(1) 重叠式堆垛。逐件逐层向上重叠码高而成货垛，此垛形是机械化作业的主要垛形之一，适于中厚钢板、集装箱等商品，如图 4—11 所示。

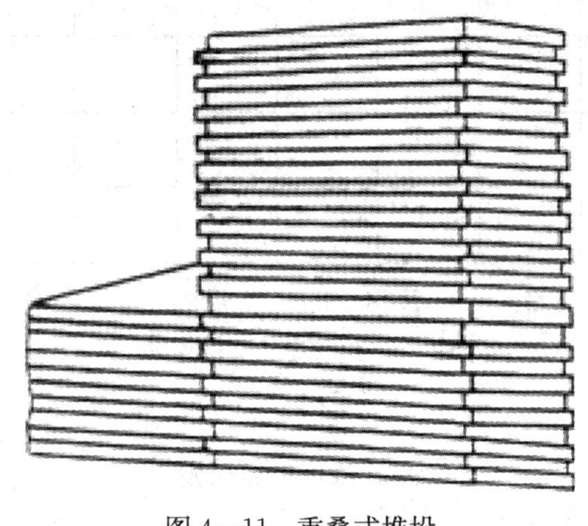

图 4—11　重叠式堆垛

（2）纵横交错式堆垛。将长短一致，宽度排列能够与长度相等的商品，如锭材、管材、棒材、狭长的箱装材料等，一层横放，一层竖放，纵横交错堆码，形成方形垛，如图 4—12 所示。

（3）仰伏相间式堆垛。对于钢轨、槽钢、角钢等商品，可以一层仰放、一层伏放，仰伏相间而相扣，使堆垛稳固，如图 4—13 所示。

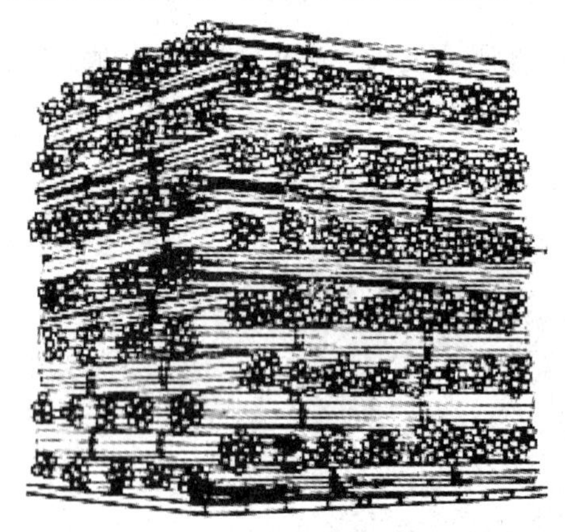

图 4—12　纵横交错式堆垛

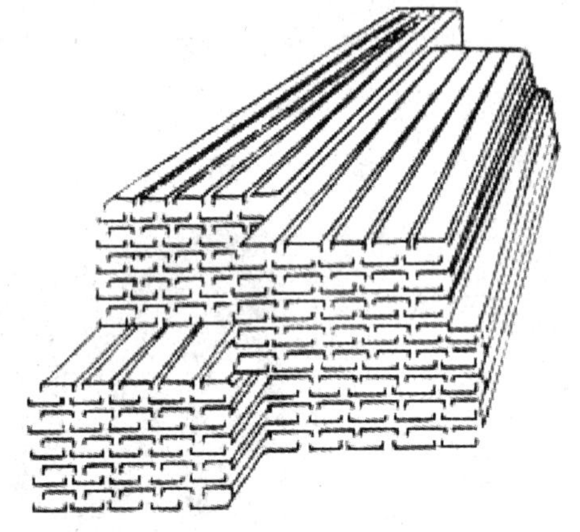

图 4—13　仰伏相间式堆垛

（4）压缝式堆垛。将垛底底层排列成正方形、长方形或环行，然后起脊压缝上码。由正方形或长方形形成的垛，其纵横断面成层脊形，适于阀门、缸、建筑卫生陶瓷等用品。

（5）宝塔式堆垛。宝塔式堆垛与压缝式堆垛类似，但压缝式堆垛是在两件物体之间压缝上码，宝塔式堆垛则在四件物体之中心上码逐层缩小，例如电线电缆。

（6）通风式堆垛。需要防潮湿通风保管的商品，堆垛时每件商品和另一件商品之间都留有一定的空隙以利于通风。

（7）栽柱式堆垛。在货垛的两旁栽上两至三根木柱或者是钢棒，然后将材料平铺在柱中，每层或间隔几层在两侧相对应的柱子上用铁丝拉紧，以防倒塌。这种方式多用于金属材料中的长条形材料，如圆钢、中空钢的堆码。

(8) 衬垫式堆垛。在每层或每间隔几层商品之间夹进衬垫物，利用衬垫物使货垛的横断面平整，商品互相牵制，以加强货垛的稳固性。衬垫物需要视商品的形状而定。这种堆垛方式适用于四方整齐的裸装商品，如电动机等。

(9)“五五化”堆垛。“五五化”堆垛就是以五为基本计算单位，堆码成各种总数为五的倍数的货垛，即大的商品堆码成五五成方，小的商品堆码成五五成包；长的商品堆码成五五成行，短的商品堆码成五五成堆，带眼的商品堆码成五五成串。这种堆垛方式过目成数，清点方便，数量准确，不易于出现差错，收发快，效率高，适用于按件计量商品。

(10) 货架堆垛。货架堆垛是利用货架存放商品，主要用于存放零星或怕压的商品。

(11) 托盘堆垛。托盘堆垛是近几十年来得到迅速发展的一种堆码方法。它的特点是商品直接在托盘上存放。商品从装卸、搬运入库，直到出库运输，始终不离开托盘，这样就可以大大提高机械作业的效率，减少搬倒次数。

3. 品质维护

品质维护是指对入库商品进行有效保管保养，防止商品老化或变质造成货损。品质维护要根据商品特性、保管要求进行维护，做到随时掌握仓库温度、湿度，并能调节仓库温度、湿度满足商品保管要求。

4. 盘点检查

商品盘点检查是指对商品实有库存数量及其金额进行全部或部分清点，以确实掌握该期间内货品状况，并因此加以改善，加强管理。流程大致可分为盘前准备，盘点执行及盘点处理三个部分。

(1) 盘前准备。盘前准备包括：确定盘点时间、盘点时间内停止入库/出库作业、准备盘点表、盘点盈亏表、盘点人员分配、将同一类别（品名）的物料放在一起等。

(2) 盘点执行。盘点执行是在事先确定的盘点时间根据盘点表进行实物盘点，盘点进行两次，即初盘、复盘；将实盘数量填入盘点表中。

(3) 盘点处理。盘点结束以后，相同的品名要将账存数量与盘点数量相比较得出差值，如果差值在合理的范围内，那么就不需要分析发现差值原因，如果差值超过企业规定的范围，就必须做出说明与原因分析，最后调整仓库账务，即将账务数量调整为盘点实数，做到账实相符。盘点结果会有两种情况，即盘盈或盘亏，此时应该填写盘点盈亏表。

三、出库作业

出库作业包括出库准备、审核凭证、备货、包装、复核点交、发运。

1. 出库准备

为了能准确、及时、安全、节约地做好商品出库，提高工作效率，仓库应根据出库凭证的要求，做好如下准备工作：选择发货的货区、货位，安排好出库商品的堆放场地，准备好包装材料等。

2. 审核凭证

仓库接到出库凭证（如提货单、领料单）后，必须对出库凭证进行审核。审核内容包括：

（1）提货单的合法性和真实性或审核领料单上是否有其部门主管或指定的专人签章，手续不全不予出库。

（2）核对商品的品名、型号、规格、单价、数量。

（3）核对收货单位、到站等内容填写是否齐全、准确。如属客户自提出库，则要核查提货单有无财务部门准许发货的签章。

3. 备货

备货要按出库凭证所列项目和数量进行，不得随意变更。备好的货应放在相应的区域，等待出库。

4. 包装

包装是为了使商品在运输途中不受损坏，商品的包装要根据客户要求进行包装，商品包装一般要符合以下要求：

（1）根据商品的外形特点，选择适宜的包装材料，包装尺寸要便于商品的装卸和搬运。

（2）要符合商品运输的要求。

（3）包装应牢固，怕潮的商品应垫一层防潮纸，易碎的商品应垫软质衬垫物。

（4）严禁性能抵触、互相影响的商品混合包装。

5. 复核点交

为避免出库商品出错，备料后应由专人或仓管员进行复核。复核的内容包括：名称、规格、型号、批次、数量、单价等项目是否同出库凭证所列内容一致；外观质量、包装是否完好等。复核人员复核无误后，应在提货单上签名，以示负责。

6. 发运

发运是商品出库的最后环节，发运要求提货人签收出库单，并按时发运。

知识链接　　自动化立体仓库

自动化立体仓库采用固定高层货架储存货物，其搬运装卸实现自动化装置并由计算机控制货物自动出入库作业，实现准确、迅速完成货物自动存取作业，使保管与装卸实现无人化、自动化操作，提高仓容利用率，立体仓库面积的储存量可达 7.5 t/m^2，是普通仓库的 5 倍至 10 倍。自动化立体仓库由高层货架、巷道式堆垛机、输送设备、仓库管理系统等构成，如图 4—14 所示。

图 4—14　自动化立体仓库

第四节　配　　送

配送的实质是送货，但它不是简单的送货。从配送的实际过程来看，配送包括两个方面的活动："配"是对货物进行集中、拣选、加工、包装、分割、组配、配备和配置；"送"是以各种不同的方式将货物送达指定地点或用户手中。配送几乎包括了所有的物流功能要素，是物流的一个缩影或在某一小范围内物流全部活动的体现。

配送是现代物流中一种特殊的、综合的活动形式，在现实生活中扮演着重要的角色，如电子商务活动、超市运营、连锁经营等都不能离开物流配送。配送实现商品准时、及时地送到需求地，可节省仓储费用，实现零库存。因而，物流配送在物流系统中占重要地位。配送管理包括配送模式管理、配送方案管理、配送作业管理、配送系统管理、配送质量和客户服务的管理。

一、配送模式

根据提供配送服务的主体不同，一般将企业的配送模式分为自营配送模式、供应商配送模式、第三方物流配送模式和共同配送模式四种类型。

1. 自营配送模式

自营配送模式是指企业物流配送的各个环节都由企业本身筹建、组织与管理，并完成对企业内部和外部货物配送的模式。如美国沃尔玛公司自建配送体系，自 1970 年建立至今，沃尔玛的配送中心已经达到 200 多家，能为全球 4 000 个连锁店铺按时按需提供服务，占整个公司销售商品的 85%。

自营配送模式的主要优点是：便于各环节协调配合，且对配送系统运作全过程具有自控权；能够更为迅速地响应各门店的需求，提供顾客服务质量；可以降低交易成本，企业通过内部行政权力控制采购的销售，不必就相关的运输、仓储、配送问题进行谈判，减少交易费用。

2. 供应商配送模式

供应商配送模式是由供应商直接进行商品配送，企业向供应商发出订单，由供应商直接将企业采购的商品在指定的时间范围内送到各个门店。如华联超市与上海捷强集团公司以及宝洁公司建立的自动补货系统，将“超市补货”转变为“供货商补货”。

供应商配送模式的优点是：送货快速、方便，可大大降低连锁企业成本和运作的复杂性，实现“上午下订单，下午就到货”这种随订随到的目标，适合“小批量，多频次”的订货。

3. 第三方物流配送模式

第三方物流配送模式是企业将其物流配送业务部分或者全部委托给专业物流企业来运营的一种运作模式。如北京物美集团公司在2001年就委托第三方物流公司为其所属的200家便利店进行配送，为其提供配送中心库房面积为1万平方米，年配送能力500万箱，配送金额达10亿元。

第三方物流配送模式的主要优点是可以使企业减少固定资产投资，规避经营风险，集中于核心业务，提高核心竞争力。

4. 共同配送模式

共同配送模式是多家企业和供应商为实现整体的物流配送合理化，以互惠互利为原则，共同出资建立配送中心，并由出资方共同经营管理，为所有出资企业提供统一配送服务的一种协作型配送模式。如便利店是全球最大的零售网络商之一，其共同配送物流体系是由合作的生产商和经销商根据便利店的网点扩张情况和其独特的业务流程与技术量身打造的。根据便利店与各生产商、批发商达成的协议，生产商和批发商对各自所在地区的闲置土地、设施或运转率较低的设施，投资设立共同配送中心，由参加投资的公司共同经营，实现共同配送，使便利店商品的周转率、车辆的装载率、利用率极大提高。

共同配送模式的优点是：优势互补，可以提高效率，降低成本，可以实现社会资源共享。

二、配送的业务流程

企业配送业务是由备货、理货和送货三个基本环节组成，如图4—15所示。

1. 备货

备货是配送机构根据客户的要求和自身经营的需要从供应商处集中商品和存储的过程，是商品配送的前提和基础。备货工作通常包括制订进货计划、组织货源、进货验收、存储保管等基本业务。

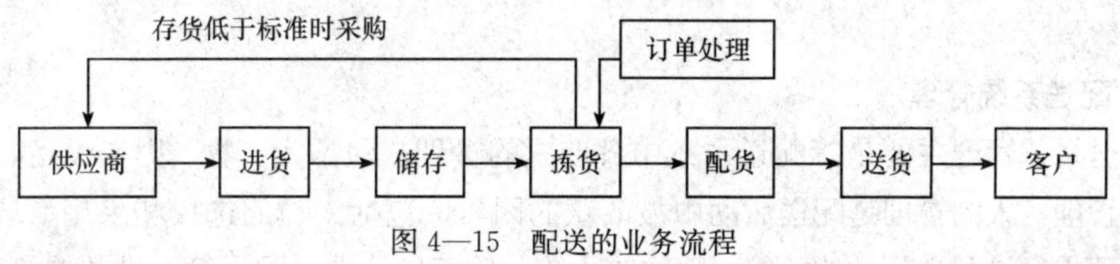

图 4—15 配送的业务流程

2. 理货

理货是配送的一项重要内容，也是配送区别于一般送货的重要标志。其包括货物分拣、配货和包装等活动。货物分拣是指采用适当的方式和手段，从储存的货物中分出（或拣选）用户所需要的货物。

3. 送货

送货是配送活动的核心，也是备货和理货工序的延伸。在物流活动中，送货实际上就是货物的运输或运送，因此，常常以运输代表送货。按照配送合理化的要求，必须在全面计划的基础上，制定科学的、距离较短的货运路线，选择经济、迅速、安全的运输方式和适宜的运输工具。

三、配送管理

配送是实现企业经营的必要条件，它连接着企业商品生产、销售和采购，保证企业生产和销售正常流转，满足市场的需求。

仓储是配送的前期准备，因而配送管理要做到：及时了解商品市场的需求，合理向客户配送商品，做到商品配送的适销、适时、适量；要科学地统计和分析市场上的商品需求，以便制订合理的配送计划。因而，配送管理包括配送模式管理、配送方案管理、配送作业管理、配送系统管理、配送质量和客户服务的管理。

1. 配送模式管理

配送模式是企业对配送所采取的基本战略和方法。目前，企业主要形成了自营、共同配送、第三方配送、供货方直接配送模式。企业选择何种配送模式主要取决于配送对企业的重要性、企业配送的能力、市场规模与配送成本等因素。

2. 配送方案管理

配送方案是从事配送活动的物流配送项目和物流配送运作的方案。配送方案管理主要包括拟订配送计划、选择配送路线、配送合理划分、配送成本分析、合作伙伴的选择、资源筹措方案。配送方案的设计会考虑很多因素，如客户、配送路线、送货时间、商品、配送成本、配送频率等。

3. 配送作业管理

配送作业管理是管理配送中心的配送环节，即订单作业管理、进货作业管理、拣货和补货作业管理、配送和送货作业管理、盘点和退货作业管理。配送作业管理可以使用传统人工方式管理，也可以建立智能化管理，如自动分拣系统、无线射频识别系统、条形码等。

4. 配送系统管理

配送系统管理主要是指配送系统中各要素的管理，包括人、物、财、设备、技术、信息的管理。人的管理是配送活动中最活跃的因素，包括人员的选拔和录用、培训等；物的管理贯穿于配送活动的始终，即物的采购、储存、拣选、配送等；设备的管理包括各种配送设备的选择与优化配置；配送技术的管理包括硬技术和软技术管理，硬技术包括配送设备的购置、安装、使用、维修和更新，软技术包括配送作业流程的制定、技术情报和技术文件的管理；配送信息管理主要指对反映配送作业内容、配送方式等各方面的信息进行搜集、加工、存储和传输等。

5. 配送质量和客户服务的管理

配送质量管理包括配送服务质量、配送工作质量、配送工程质量等管理，配送质量管理主要应以提高配送工作全过程的质量、提高配送服务水平为根本目的，设计合理的配送质量管理评价指标，建立全面的配送质量管理体系。

客户服务的管理是配送质量管理的核心，主要指对配送活动相关服务的组织和监督，衡量配送服务满足客户需要的程度，如调查和分析顾客对配送活动的反映等。时间、可靠性、方便性、信息的沟通是配送服务管理的因素。

思考与练习

一、名词解释

1. 物流
2. 采购
3. 仓储
4. 配送

二、简答题

1. 简述采购流程。
2. 简述商品入库作业过程。
3. 简述配送模式种类及其各自的优点。
4. 简述配送基本流程。

三、案例分析

在一家街头的零售店里，某饮料企业的一位理货员来给店里送货，以下是他和零售店老板之间的对话：企业理货员：“张老板，我来给您送货。”零售店店主：“你们公司送货怎么这么慢呢？我订的货应该在昨天就送到了！可你现在才来，你看，我的客户都跑掉了！”企业理货员：“对不起，我们公司那边有点问题。”零售店店主：“怎么你们送来的货与我的订单内容不一样啊？”企业理货员：“是吗？”零售店店主：“这个产品不对，我要的是 150 毫升的饮料，你送的是 500 毫升的；这个产品也不对，我要 30 瓶，你们只拿了 20 瓶！真是乱七八糟的！像你们这样送货，客户全都得跑光了。产品不对！时间也不对！我要退货，真是受不了你们，我再不会和你们打交道了！”

问题：

1. 案例中的饮料企业，在配送业务环节中存在什么问题？

2. 你认为应该怎样解决这些问题？

第五章 市场营销管理

市场是企业进行生产、销售的出发点和归宿，企业的营销活动是在市场中进行的。在市场经济条件下，企业参与社会经济活动就必须了解市场，研究市场。企业应分析消费者，选择企业要服务的消费者，并精心设计产品，选择产品进入市场的方式和时间，运用有效的产品、价格、分销、促销组合策略成功地实现产品销售，获得最佳的经济效益。本章旨在通过对市场细分化原理及其策略的介绍，阐述企业如何在市场细分化的基础上选择合适的目标市场，并制定有效的营销组合策略。

学习目标

- 掌握市场营销的含义和基本过程
- 了解市场营销观念
- 掌握市场营销微观环境、宏观环境分析、SWOT 分析
- 理解市场调查的概念
- 掌握市场调查的程序和基本方法
- 了解市场预测概念、类型和基本方法
- 掌握市场细分的方法和作用
- 了解目标市场的选择和定位
- 掌握价格策略、产品策略、促销策略
- 了解分销渠道策略

第一节 市场营销管理概述

任何一个企业，无论其规模、实力如何，它的生产经营活动都离不开市场，在国际经济日趋融为一体、市场的地域划分越来越模糊的今天，企业要想求生存、图发展，就必须认识市场、了解市场、分析市场，遵循恰当的营销观念，采用适宜的战略与策略去

适应市场、引导消费。

市场营销管理就是为了实现营销目标，保证营销活动顺利进行，建立与保持与目标市场之间的有益交换和联系而进行的营销组织、研究、计划、执行与控制。

> **名人名言**
>
> 市场营销观念：目标市场，顾客需求，协调市场营销，通过满足消费者需求来创造利润。
>
> ——西奥多·李维特（美国）
>
> 市场营销上老是为自己着想，而不顾及他人，他人也不会顾及你。
>
> ——梁宪初（中国台湾）

一、市场的含义

市场是社会分工和商品经济发展到一定程度的产物，随着社会生产力的发展，社会分工的细分，商品交换日益丰富，交换形式复杂化，人们对市场的认识日益深入。

传统的观念认为市场指的是商品交换的场所，如商店、集市、商场、批发站、交易所等，这是市场最容易被人们理解的概念，所有商品都可以从市场中流进流出，从而实现由卖方向买方转换。

广义的市场是由那些具有特定需要或欲望，愿意并能够通过交换来满足这种需要或欲望的全部顾客所构成的。这种市场范围，既可以指一定的区域，如国际市场、国内市场、城市市场、农村市场；也可以指一定的商品，如食品市场、家电市场、劳动力市场等；甚至还可以指某一类经营方式，如超级市场、百货市场、专业市场、集贸市场等。

从经营者的角度来看，人们常常把卖方称之为行业，而将买方称之为市场，它们的关系如图 5—1 所示。

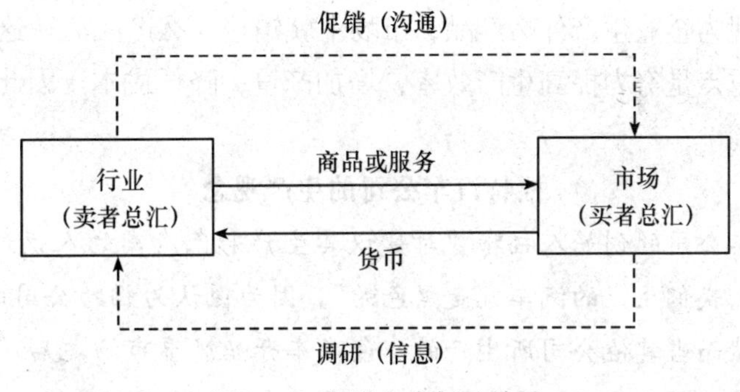

图 5—1　行业与市场的关系

由此可见，市场包含有某种需要的人、为满足这种需要的购买能力和购买欲望三个主要因素。

市场 = 消费人 + 购买力 + 购买欲望

市场的三个因素相互制约、缺一不可，只有三者同时具备才能形成现实的市场，才能决定市场的规模和容量。

二、市场营销的含义

市场营销是指商品经营者，以满足社会需求为核心，以有效实现经营目标为目的，有计划地促进商品交换的行为与过程。市场营销的目的是满足顾客现实的和潜在的需求，核心是交换。

市场营销的内涵主要包括：

1. 市场营销是一种创造性行为。即营销者不但要发现客户的现实需求并满足它，激发客户的潜在需求并满足它，而且自己还要有创新的营销行为。

2. 市场营销是一种自愿交换从而满足人们需要的行为。营销者与客户自由交换，满足需求。

3. 市场营销是一个复杂的系统管理过程。它不仅包括营销者与消费者之间的经济活动，企业的内部经济活动管理，企业与竞争者之间的关系处理，而且还涉及企业、消费者与社会三者的关系管理。

三、市场营销的观念

市场营销观念是企业从事营销活动的指导思想，其核心是企业如何正确处理社会、顾客和企业三者的关系，并以此为指导开展营销活动。

1. 传统以企业为中心的营销观念

（1）生产观念。生产观念是指导企业营销活动最古老的观念。生产观念产生于 20 世纪初，当时由于社会生产力水平还比较低，商品供不应求，市场经济呈卖方市场状态。生产观念表现为企业生产什么产品，市场上就销售什么产品。在这种营销观念指导下，企业的经营重点是努力提高生产效率，增加产量，降低成本。因此，生产观念也称为“生产中心论”。

案例链接　　　　　　　　福特汽车公司的生产观念

美国福特汽车公司的创始人福特曾对建议其生产彩色汽车的人说过这样的话，“不管顾客需要什么，我们生产的汽车就是黑色的”。因为他认为福特公司的汽车价廉物美，不愁没有销路。然而当其他公司所生产的彩色汽车开始风靡市场之后，福特才省悟到自己决策的错误。单纯的“生产观念”给福特公司带来了很大的损失。

（2）产品观念。产品观念认为，消费者最喜欢高质量、多功能和具有某种特色的产品，企业应致力于生产高附加值的产品，并不断加以改进。最容易滋生产品观念的场合，莫过于当企业发明一项新产品时，此时企业最容易发生“市场营销近视”，不是把注意力放在市场需求上，而是放在产品上，在市场营销管理中缺乏远见，只看到自己的产品质量好，相信“酒香不怕巷子深”，看不到市场需求在变化，致使企业经营陷入困境。

（3）推销观念。推销观念是被许多企业所采用的另一种观念。这种观念认为，消费者通常表现出一种购买惰性或抗衡心理，如果顺其自然，消费者一般不会主动购买某一企业的产品，因此，企业必须积极推销和大力促销，以刺激消费者大量购买本企业产品。推销观念在现代市场经济条件下被大量用于那些非渴求物品，即购买者一般不会想到要去购买的产品或服务。许多企业在产品过剩时，也常常奉行推销观念。

案例链接　　美孚公司的推销观念

20 世纪 30 年代，美国很多企业就曾在包括中国在内的全世界各地市场组织大规模的推销活动，从而使不少在美国本地市场严重饱和的产品在世界各地打开了市场。美孚公司在中国推销煤油时，就曾组织了一批推销人员挨家挨户地送煤油灯，使普通的中国老百姓接受了美国人的“洋油”，从而打开了一个很大的新市场。

2. 以顾客需求为中心的营销观念

（1）市场营销观念。市场营销观念是作为对传统观念的挑战而出现的一种新型企业经营哲学。市场营销观念认为，实现企业各项目标的关键，在于正确确定目标市场的需要和欲望，并且比竞争者更有效地传送目标市场所期望的物品或服务，从而比竞争者更有效地满足目标市场的需要和欲望。

（2）社会营销观念。社会营销观念是对市场营销观念的修改和补充。它产生于 20 世纪 70 年代西方资本主义国家出现能源短缺、通货膨胀、失业增加、环境污染严重、消费者保护运动盛行的新形势下。

鉴于市场营销观念回避了消费者需要、消费者利益和长期社会福利之间隐含着冲突的现实，社会营销观念提出，企业的任务是确定各个目标市场的需要、欲望和利益，并以保护或提高消费者和社会福利的方式，比竞争者更有效、更有利地向目标市场提供能够满足其需要、欲望和利益的物品或服务。社会营销观念要求市场营销者在制定市场营销政策时要统筹兼顾三方面利益，即企业利润、消费者需要的满足和社会利益。

案例链接　　农夫山泉的社会营销

农夫山泉的“一分钱活动”始于 2001 年，当年，农夫山泉提出为奥运捐一分钱，支持北京申奥活动，这个活动获得了良好的社会效益。凭借农夫山泉倡导的“聚沙成塔”宣传理念，“一分钱活动”被评为十大成功营销案例。

四、市场营销管理的基本过程

市场营销管理过程包括分析市场机会、选择目标市场、设计营销组合、管理营销活动四部分，如图 5—2 所示。

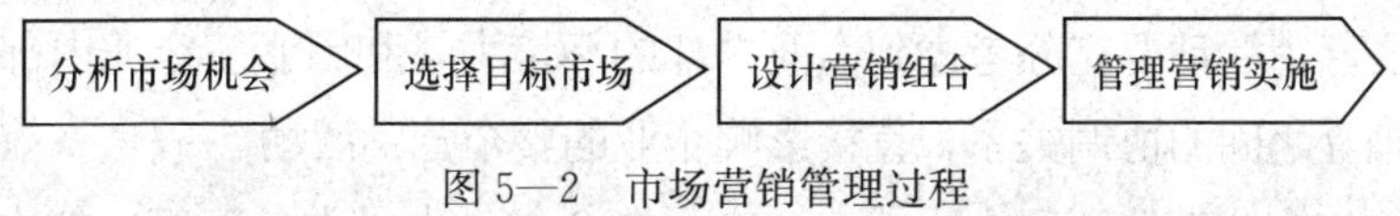

图 5—2　市场营销管理过程

1. 分析市场机会

分析市场机会是营销者通过市场调查，对营销环境进行分析，发现消费者的现实需求和潜在需求，寻找合适的市场机会。

2. 选择目标市场

选择目标市场是营销者通过对市场环境信息的收集、整理和分析，对消费者市场进行细分，同时分析消费者的购买行为，总结出对本企业不利或有利的条件，选择适合本企业的目标市场。

3. 设计营销组合

营销组合是企业为进占目标市场、满足顾客，加以整合、协调使用的市场营销手段，主要包括产品策略、价格策略、渠道策略、促销策略等几个方面。

4. 管理营销实施

营销实施包括营销渠道运营、人员推销、广告宣传和公共关系管理等方面。营销实施的目的是建立适应本企业的营销渠道体系，通过人员推销、广告宣传和公共关系管理，在保障企业正常运营的基础上，进一步扩大企业的销售，增强企业的产品形象、品牌形象和社会形象，以期达到企业的长远可持续的经营。

第二节　营销环境分析

营销环境是指与企业营销活动有潜在关系，直接或间接影响企业营销活动的所有外部力量和相关因素的集合。根据企业的营销活动受制于企业环境的紧密程度，营销环境可以分为微观环境和宏观环境，它们之间的关系如图 5—3 所示。

一、微观环境分析

微观环境包括供应商、企业内部关系、营销渠道、顾客、公众、竞争者等几个因素。

1. 供应商

供应商是指提供给企业生产所需的特定的原材料、辅助材料、设备、能源、劳务、资金等资源的供货单位。这些资源的变化直接影响到企业产品的产量、质量以及利润，从而影响企业营销计划和营销目标的完成。

2. 企业内部关系

企业开展营销活动要充分考虑到企业内部的环境力量和因素。企业内部各职能部门的工作及其相互之间的协调关系，直接影响企业的整个营销活动。

营销部门与企业其他部门之间既有多方面的合作，也经常与生产、技术、财务等部门发生矛盾。由于各部门的工作重点不同，有些矛盾往往难以协调。如：一个大型企业的生产部门关注的是长期生产的定型产品，要求品种规格少、批量大、标准订单、较稳

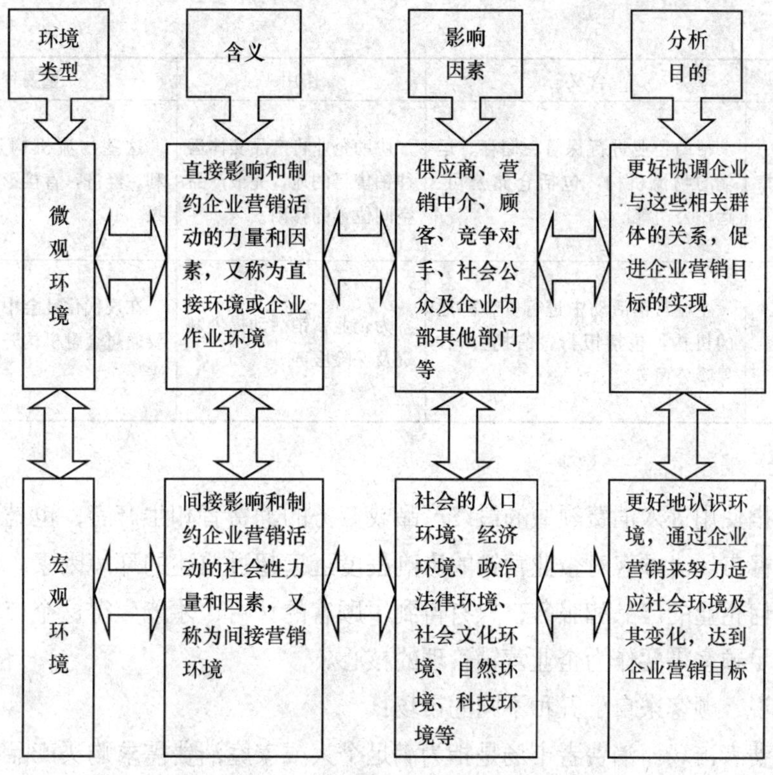

图 5—3　微观环境与宏观环境之间的关系

定的质量管理；而企业的营销部门注重的则是能适应市场变化、满足目标消费者需求的“短、平、快”产品，要求多品种规格、少批量、个性化订单、特殊的质量管理。所以，任何企业在制订营销计划，开展营销活动时，必须协调和处理好各部门之间的矛盾和关系。

3. 营销渠道

营销渠道是指为企业营销活动提供各种服务的企业或部门的总称。营销渠道的主要功能是帮助企业推广和分销产品，其具体类型的含义、作用及重要程度见表 5—1。

表 5—1　　　　　　　　　　　营销渠道

营销渠道类型	含义	作用	重要程度
中间商	产品从生产商流向消费者的中间环节或渠道，主要包括批发商和零售商两大类	能帮助企业寻找目标顾客，为产品打开销路，为顾客创造地点效用、时间效用和持有效用	企业必须与中间商建立良好的合作关系，必须了解和分析其经营活动，并采取一些激励性措施来推动其业务活动的开展
营销服务机构	协助企业确立市场定位，进行市场推广，提供活动方便的机构。包括广告公司、广告媒介经营公司、市场调研公司、财务公司等	这些机构提供的专业服务对企业的营销活动会产生直接的影响	企业需要关注、分析这些服务机构，选择最能为本企业提供有效服务的机构

续表

营销渠道类型	含义	作用	重要程度
物资分销机构	帮助企业进行保管、储存、运输的物流机构，包括仓储公司、运输公司等	协助企业将产品实体运往销售目的地，完成产品空间位置的移动	这些物流机构是否安全、便利、经济，直接影响企业营销效果
金融机构	企业营销活动中进行资金融通的机构，包括银行、信托公司、保险公司等	为企业营销活动提供融资及保险服务	在现代化社会中，任何企业都要通过金融机构开展经营业务往来

4. 顾客

顾客是指使用进入消费领域的最终产品或劳务的消费者和生产者，也是企业营销活动的最终目标市场。顾客对企业营销的影响程度远远超过前述的环境因素。顾客是市场的主体，任何企业的产品和服务，只有得到了顾客的认可，才能赢得这个市场，现代营销强调把满足顾客需要作为企业营销管理的核心。

一般来说，顾客来自于五种不同的市场：

(1) 消费者市场。消费者市场是指为满足个人或家庭消费需求购买产品或服务的个人和家庭。这个顾客群是大部分企业所要面对的终端消费群，起着非常重要的作用。

(2) 生产者市场。生产者市场是指为生产其他产品或服务，以赚取利润而购买产品或服务的组织。

(3) 中间商市场。中间商市场是指购买产品或服务以转售，从中营利的组织。

(4) 政府市场。政府市场是指购买产品或服务，以提供公共服务或把这些产品及服务转让给其他需要的人的政府机构。

(5) 国际市场。国际市场是指国外购买产品或服务的个人及组织，包括外国消费者、生产商、中间商及政府。

上述五类市场的顾客需求各不相同，要求企业以不同的方式提供产品或服务，它们的需求、欲望和偏好直接影响企业营销目标的实现。为此，企业要注重对顾客进行研究，分析顾客的需求规模、需求结构、需求心理以及购买特点，这是企业营销活动的起点。

5. 公众

公众是在企业营销活动中与企业营销活动发生关系的各种群体的总称。公众对企业的态度，会对其营销活动产生巨大的影响，它可以有助于企业树立良好的形象，但也可能妨碍企业的形象。

6. 竞争者

竞争对手的状况变化将直接影响企业营销活动，关系见表5—2。

表 5—2　　竞争对象对企业营销活动的影响

竞争对象类型	含义	举例	对策
愿望竞争者	提供不同产品以满足不同需求的竞争者	如电视机制造企业的愿望竞争者就是生产冰箱、洗衣机、地毯等不同产品的企业	大型企业需要考虑多元化经营，中小型企业则不需要做过多的考虑
平行竞争者	提供能够满足同一种需求的不同产品的竞争者	例如，自行车、摩托车、小轿车都可作为家庭交通工具，这三种产品的生产企业必定存在一种竞争关系，它们由此而相互成为平行竞争者	企业还要将“平行竞争者”分析提高到应有的地位，因为世界高科技的发展迅猛无比，许多替代品的出现，对企业的冲击亦是十分巨大的
产品形式竞争者	指生产同种产品，但提供不同规格、型号、款式的竞争者	如摩托车有 50、70、125、750 等型号，两轮摩托车有两冲程和四冲程之分。这些专业生产企业就是产品形式竞争者	都是同行业的竞争者。同行业的竞争者是企业必须特别重视的竞争者。要特别注意分析卖方密度、产品差异、进入难度三大方面

二、宏观环境分析

宏观环境包括人口环境、经济环境、政治法律环境、社会文化环境、自然环境、科技环境等几个方面。具体分析因素见表 5—3。

表 5—3　　宏观环境因素

环境类型	内容	影响	举例
人口环境	人口是市场的第一要素，包括：人口的性别、年龄、民族、婚姻状况、职业、收入、居住分布等，对市场格局产生深刻影响，从而影响企业的营销活动	企业应重视对人口环境的研究，密切关注人口特性及其发展动向，及时调整营销策略以适应人口环境的变化	如果收入水平不变，人口越多，对食物、衣着、日用品的需要量也越多，市场也就越大
经济环境	影响企业营销活动的主要环境因素，它包括收入因素、消费支出、产业结构、经济增长率、货币供应量、银行利率、政府支出等因素	收入因素、消费结构对企业营销活动影响较大	人均收入或家庭收入的高低会影响很多产品的市场需求。一般来讲，人均或家庭收入高，对消费品需求大，购买力也大；反之，对消费品需求小，购买力也小
政治法律环境	影响企业营销的重要宏观环境因素，包括政治环境和法律环境	政治环境引导着企业营销活动的方向，法律环境则为企业规定经营活动的行为准则。政治与法律相互联系，共同对企业的市场营销活动产生影响和发挥作用	国家制定的法律政策、财政政策如果支持纺织行业的话，那么对于相关企业的营销活动肯定会带来促进作用

续表

环境类型	内容	影响	举例
社会文化环境	在一种社会形态下已经形成价值观念、宗教信仰、风俗习惯、道德规范等的总和	任何企业都处于一定的社会文化环境中，企业营销活动必然受到所在社会文化环境的影响和制约	受教育程度的高低，影响消费者对商品款式、包装和服务要求的差异性
自然环境	自然界提供给人类各种形式的物质资料，如阳光、空气、水、森林、土地等	对营销管理者来说，应该关注自然环境变化的趋势，并从中分析企业营销的机会和威胁，制定相应的对策	自然资源短缺，使许多企业将面临原材料价格大涨、生产成本大幅度上升的威胁，那就会使售价提高，对消费者产生影响
科技环境	科学技术是社会生产力中最活跃的因素	它影响着人类社会的历史进程和社会生活的方方面面，企业可以利用科技的优势为本企业提高服务质量	随着多媒体和网络技术的发展，出现了“电视购物”“网上购物”等新型购买方式。服装企业可以利用这种方式进行广告宣传、营销调研和推销商品

案例链接　　　　日本汽车业发掘美国市场机会

日本汽车业成功地进入并占领美国市场，其重要原因之一就是在对美国市场进行全面而深入的市场调研的基础上，成功地识别并把握了市场机会。20世纪60年代初，日本汽车利用政府、综合贸易商社、企业职能部门甚至美国市场研究公司广泛收集信息。通过市场调研，他们发现有机可乘：

1. 美国人把汽车作为身份或地位象征的传统观念正在逐渐削弱，汽车作为一种交通工具更重视其实用性、舒适性、经济性和便利性。

2. 美国的家庭规模正在变小，核心家庭大量出现。

3. 美国汽车制造商无视环境变化，因循守旧，继续大批量生产大型豪华车，因而存在一个小型车空白市场。

于是，日本汽车商设计出满足美国顾客需求的美式日制小汽车，以其外形小巧、购买经济、舒适平稳、耗油量低、驾驶灵活、维修方便等优势敲开了美国市场大门。20世纪70年代的能源危机又为日本汽车拓展美国市场推波助澜。到80年代末，日本汽车已在美国市场上取得了有力的竞争地位，市场占有率达到35%。

三、营销环境的SWOT分析

SWOT分析，就是结合环境对企业带来的环境机会和环境威胁进行评价，弄清楚企业相对于其他竞争者所处的相对优势和劣势，帮助企业制定营销战略。它的主要优点是简便、实用而且有效；主要特点是通过对照分析，把外部环境中的有利和不利条件、内部环境中的优势和劣势联系了起来。

1. 企业优势和劣势分析

企业优势和劣势分析实质上就是对企业所面对的微观环境分析的总结，或称企业实力分析。

优势（Strength）是指企业相对于竞争对手而言所具有的优势，如充足的资金来源、高超的经营技巧、良好的企业形象、完善的服务体系、先进的工艺设备、与买方和供应商长期稳定的合作关系、融洽的雇员关系、成本优势等，都可以形成企业优势。

劣势（Weakness）是指影响企业经营效率和效果的不利因素和特征，他们使企业在竞争中处于劣势地位。一个企业潜在的弱点主要表现在以下几方面：缺乏明确的战略导向、设备陈旧、盈利较少甚至亏损、缺乏管理、缺乏知识、缺少某些关键的技能、内部管理混乱、研究和开发工作落后、企业形象较差、销售渠道不畅、营销工作不得力、产品质量不高、成本过高等。

2. 环境机会和威胁分析

市场营销环境是指影响企业市场营销活动及其目标实现的各种因素和动向。企业的机会与威胁均存在于市场环境中，因此，机会与威胁分析实质上就是对企业外部环境因素变化的分析。

环境机会（Opportunity）是对公司营销行为富有吸引力的领域，在这一领域里，该公司将拥有竞争优势。

环境威胁（Threat）是环境中一种不利的发展趋势所形成的挑战，如果不采取果断的市场营销行动，这种不利趋势将损害企业的市场地位。

案例链接　　**某大型物流企业的SWOT分析**

内部能力 / 外部能力	优势	劣势
	①作为国家机关，拥有公众的信任 ②顾客对邮政服务的高度亲近感与信任感 ③拥有全国范围的物流网 ④拥有众多的人力资源	①上门取件相关人力及车辆不足 ②市场及物流专家不足 ③组织、预算、费用不足 ④包裹破损的可能性很大 ⑤追踪查询服务不够完善
机会	优势—机会策略	劣势—机会策略
①随着电子商务的普及，对寄件需求增加 ②能够确保应对市场开发的事业自由度 ③物流及IT等关键技术的飞跃性的发展	①以邮政网络为基础，积极进入宅送市场 ②进入购物商城配送市场 ③开发灵活运用关键技术的多样化的邮政服务	①构成邮寄包裹专门组织 ②建构实物和信息的统一化，进行实时的追踪及物流控制系统

续表

风险	优势—风险策略	劣势—风险策略
①通信技术发展后，对邮政需求可能减少 ②现有再送企业的设备及代理增加 ③国外再送企业进入国内市场	①灵活运用范围宽广的邮政物流网络，树立积极的市场策略 ②通过与全球性的物流企业进行战略连门提高国外邮件的收益性和服务 ③为确保企业客户，树立积极的市场战略	①根据服务特性，对包裹详情单与包裹运送网分别运营 ②对已经确定的邮政物流运营提高效率，由此提高市场竞争力

第三节　市场调查与预测

一、市场调查

1. 市场调查的概念

市场调查是搜集、记录、分析有关市场营销的资料和信息，为市场预测和营销战略战术决策提供可靠的信息依据的营销活动。企业的市场调查包括一切与企业有关的社会、经济、政治环境和日常活动范围内的各种现象的调查研究，可以是专题性调研，也可以是对广泛问题的调研。市场调查可分为两个方面的工作。

(1) 企业外部资料的调查研究。对企业外部信息资料的调查研究，主要是对需要者、竞争对手、销售和分配渠道（各类商业企业和销售机构）以及其他有关机构和团体的信息的调查研究。

需要者的信息包括：人口特征（年龄、性别、家庭结构、支出水平）、社会特征（职业、教育水平、收入水平）、社会心理特征（动机、角色和地位、价值标准）、民族特征（语言、文化传统和消费习惯）等。

竞争对手的信息包括：直接的竞争对手（相同或类似产品和服务的生产者、供应者）、替代产品（如许多原先用木材制作的产品由钢铁或塑料替代）、竞争对手的数量和规模（财务状况、市场份额、销售方式）以及现实的或潜在的竞争对手可能的市场行为方式等。

销售和分配渠道的信息包括：各类中间商和销售商的数量与规模、与企业的关系密切程度、中间商和销售商的市场地位、在公众中的形象以及激发中间商和销售商积极性的方法措施、广告媒介的效果等。

其他有关机构和团体的信息包括：国家、政府和各类管理部门、经济组织和各类行业协会、公共传播媒介、消费者协会等。

（2）企业内部基本力量的调查研究。对企业内部力量的调查研究主要包括：企业自身的规模和生产能力、产品和产品结构、财务状况和市场预测各部门的协作与分工、公共关系等。

2. 市场调查的程序

市场调查的程序由以下七个方面组成：

（1）确定问题。首先应该了解问题所在，调查人员应设计一个完备的调查计划。调查开始时，应明确要解决哪些问题，以及问题的重点所在。

（2）选择途径。形成问题以后，根据调查目的，应该决定搜集资料的范围，提出所需资料的获得途径。资料可分为直接资料和间接资料两类。直接资料又称第一手资料，是营销调查者通过观察、询问、实验等手段和方法直接获得的资料。间接资料又称二手资料，包括内部资料和外部资料两方面。内部资料有企业的各种凭证、报表、报告、预测等资料，外部资料可来自于政府机关、金融机构、咨询机构、大学、报刊等。

（3）决定调查方式。根据资料的性质，应决定采用何种调查方式。如有间接资料可以利用，应尽量利用，这样可以省时省力。如果必须搜集直接资料，那么应该决定调查方法、调查对象、调查地点、调查时间、调查频率。

（4）抽样设计。市场调查一般是抽样调查。因此，首先应仔细确定抽样的范围，如是部分样本还是全部样本。其次，决定用什么样的方式选择样本，如随机抽样方式或非随机抽样方式。最后根据调查目的与所需时间、费用等因素，决定样本大小。

（5）现场搜集资料。现场搜集资料工作包括对现场搜集资料人员的选择、训练、控制和考核等工作。

（6）资料分析整理。搜集来的资料，应该加以分析和鉴别，通过整理，使资料系统化、简单化和表格化，达到准确、完整和实用的目的。

（7）编写报告。报告代表整个调查过程的最后结果，编写的报告供企业管理人员在决策时做参考。编写报告时应注意：围绕调查目的，重点突出，事实清楚，简明扼要，中肯客观。

3. 市场调查的基本方法

进行市场调查，必须采取科学合理的调查方法和技术，这样才能收到事半功倍的效果。市场调查方法可以分为三类，即观察法、访问法和实验法。

（1）观察法。即对被调查者进行直接观察，在被调查者不察觉的情况下观察和记录他（她）的行为、反应和感受的方法。观察法也有许多具体的方法，如直接观察法、行为记录法等。直接观察法，即派人对被调查者直接观察。行为记录法，是在被调查者同意的前提下，用某种装置记录被调查者的行为。

（2）访问法。对被调查者进行访问，要求他回答一些问题来搜集资料的方法称为访问法。访问法又可分为直接访问和间接访问两种方法。直接访问，由访问人员直接向被调查者当面询问问题，可以采用登门拜访、邀请面谈或开座谈会等形式进行。间接访问，利用各种通信工具或问卷进行调查的方法称为间接访问。间接访问又分为：电话调查，即由调查人员对所选择的调查对象用电话进行询问；邮寄调查，即将设计好的问卷寄给被调查者，请被调查者自行填好寄回；留卷调查，即调查人员当面将调查表交被调查者，并说明回答情况的要求、目的和注意事项，然后让被调查者填写，调查人员定期取回。

（3）实验法。实验法是将做实验的产品在选定市场中进行试销，以测定各种营销手段的效果。其原理是把选定市场当作实验室，研究价格、包装或广告等对市场销售量及其他要素的影响。实验法除进行市场试验外，也可采用室内实验调查法。例如在测验广告效果时，找一些人坐在一起，每人发给一本杂志，让他们从头到尾翻一遍，然后问他们在一本杂志中，哪几个广告对他们最有吸引力。实验法的主要缺点是时间长、费用高，选择的市场不一定有典型性，可变因素难以控制和把握，测验结果也不易比较。

4. 调查表的设计

市场调查表可以是书面表格或口头询问提纲。在现代营销活动中，为了了解顾客的态度和意愿，调研者要设计各种不同的表格和问题。如果一份调查表内容设计得恰当，调研部门就会感到调查目的明确，被调查者也乐意合作，这份调查表就会像一张网，把需要的信息收集起来。调查表往往需要认真仔细地拟定、测试和调整，然后才可以规模使用。为了设计一份受欢迎的调查表，它要求设计者不仅懂得市场营销的基本原理和技巧，还要具备社会学、心理学等知识。

二、市场预测

1. 市场预测的概念和类型

（1）市场预测的概念。所谓市场预测，就是运用科学的方法，对影响市场供求变化的因素进行调查研究，分析和预见其发展趋势，掌握市场供求变化的规律，为市场营销决策提供可靠的依据。

（2）市场预测的类型。按时间来划分，可以分为长期预测（5 年、10 年和 20 年以上）、中期预测（1 年至 5 年）、短期预测（半年、一个季度）和近期预测（一周至一两个月）；按对象来划分，可以分为整个产业情况预测、产品群预测和个别预测；按方式来划分，可以分为判断预测和统计预测。

2. 市场预测的内容

（1）市场需求预测。市场需求预测，也就是社会商品购买力及其投向的预测。在市场营销学中，市场需要量的预测，也称市场预测；市场占有率的预测，也称销售预测。某个产品的市场需求是指一定的顾客，在一定的地理区域、一定的时间、一定的市场营销环境和一定的市场营销方案下购买的总量。市场需求包括产品、总量、购买能力、顾客数量、地理范围、时期、市场营销环境和市场营销方案等八个方面。

（2）企业需求预测。企业需求是在市场总需求中企业所占的份额。对企业来说，预测企业需求和预测市场需求同等重要，企业需求直接关系到企业的营销决策。

（3）商品资源预测。对市场需求进行预测的同时，应该对商品资源的发展趋势进行预测。这关系到社会商品购买力与商品可供量的平衡问题，也关系到国民经济综合平衡问题和可持续发展。对供不应求商品的销售预测，不仅要考虑市场需要，还要根据市场的可能情况来决定销售量。

（4）商品饱和点预测。企业要增强竞争能力，争取良好的经济效果，就必须对自己经营的产品进行市场生命周期的预测。商品饱和点的预测，在产品市场生命周期的预测中是最重要的一环。饱和点有两种含义：一是原有产品社会需要量的饱和；二是支付能力的需求的暂时饱和。饱和点不是固定不变的。此外，还有商品价格预测、经济效果预测和其他影响供求的主要因素预测等。

3. 市场预测的方法

一般情况下，市场预测分为明确目的、收集资料，选定方法、做出预测，分析判断、用于决策等步骤。市场预测的方法很多，有粗略的估计，也有比较精确的预测；有定性分析方法，也有定量分析方法。这些方法各有特点，互有短长，也都有一定的适用场合，应用时应根据企业本身的具体条件、已经掌握的信息资料以及对预测所要求的准确度等来加以选择。下面就介绍几种常用的市场预测方法。

（1）购买者意向调查法。市场总是由潜在的购买者构成的，预测就是预先估计在给定条件下潜在购买者的可能行为，即要调查购买者。购买者意向调查法应满足以下三个条件：

1）购买者的购买意向是明确清晰的。

2）这种意向会转化为顾客购买行为。

3）购买者愿意把意向告诉调查者。一般来说，用这种方法预测非耐用消费品需求的可靠性较低，用在耐用消费品方面稍高，用在工业用品方面则更高。

（2）销售人员综合意见法。在不能直接与顾客见面时，企业可以通过听取销售人员的意见估计市场需求。

这种方法的优点是：销售人员对购买者意向的了解比较全面深刻，有信心完成上级下达的销售配额，可以获得各种销售预测。

但这种方法也存在缺点：销售人员的判断总有偏差，销售人员可能对经济发展形势或公司的市场营销总体规划不了解，销售人员可能故意压低预测数字，销售人员也可能对这种预测没有足够的知识、能力或兴趣。

（3）德尔菲法。其基本过程是：先由各个专家对所预测事物的未来发展趋势独立提出自己的估计和假设，经公司分析人员（调查主持者）审查、修改、提出意见，再回到各位专家手中，这时专家们根据综合的预测结果，参考他人意见修改自己的预测，再开始下一轮估计。如此往复，直到对未来的预测基本满意为止。这种方法进行预测的准确性，主要取决于专家的专业知识和与此相关的科学知识基础，以及专家对市场变化情况的洞悉程度，因此依靠的专家必须具备较高的水平。

第四节　市场细分与定位

一、市场细分

市场细分，是按照消费者的一定特性而把整体市场划分成两个或两个以上的子市场，以用来确定目标市场的过程。一个子市场就是一个细分市场，所有子市场之和便构成了整体市场。一般来说，在每个消费者群内，消费者的需求与爱好是大致相同的，因而企业可以用一种产品和一种营销策略来加以满足。

1. 市场细分的方法

如何才能发现细分市场，这需要依据一系列的市场细分变数，包括地理区域、人口统计、心理和行为等。

(1) 地理细分。这是大多数企业进行市场细分时的主要方法。因为，地理变数相对于其他变数来说，具有较强的稳定性，所以较为容易分析。地理变数主要包括地区、气候、城乡、人口密度等，它们会由于对传统文化、经济发展的影响而形成不同的消费习惯和偏好，从而产生不同的需求特点。

案例链接　　　　**雷诺公司的市场细分**

雷诺公司曾经把芝加哥分成三个不同的小型市场：在北岸地区，这里的居民大都受过良好的教育，关心身体健康，雷诺公司就促销焦油含量低的品牌香烟；在东南部的蓝领居住区，保守传统较为盛行，雷诺公司一直在此推销云丝顿牌香烟；在黑人聚居的南部地区，雷诺公司则大量利用黑人报刊和宣传栏来促销薄荷含量高的沙龙牌香烟。

(2) 人口细分。这是市场细分所惯用的和最主要的变数，主要包括性别、年龄、家庭收入、家庭生命周期、职业、教育、信仰、种族、国籍及社会阶层等。在人口变数的诸多因素中，家庭与收入又是市场细分的最主要变数，因而，任何企业都不能对此加以忽视。

例如，玩具制造厂按年龄与生命周期细分，它们特别注意年龄与生命周期，它们设计了各种玩具满足婴儿从3个月至1岁之间各个阶段的需要。在婴儿需要学习摸东西时，该厂提供有小童床；在婴儿开始学习抓东西时，可购买该厂所生产的拨浪鼓，等等。这种策略显然意味购买玩具的顾客必须考虑婴儿的年龄。

(3) 心理细分。消费者受心理因素的影响，往往比其他因素要深远得多，这种心理因素主要包括个人生活态度、个人特性、消费习惯等。按消费者的性格进行市场细分，可出现三种类型的市场，即时髦追求者市场、社会地位追求者市场、朴素追求者市场。以个人性格为变数，消费者市场可细分为主动性市场、保守性市场、自主性市场、理智性市场和冒险性市场等。

(4) 行为细分。这是在发达市场经济中进行市场细分时的重要变数。广大消费者的收入水平越高，这一细分变数的作用就越大。行为变数主要包括购买动机、购买状态、使用程度与使用状况、消费者对市场营销因素的反映等。

如购买动机，这是消费者在购买商品时所追求的经济利益。在购买商品中，有的消费者为了追求经济利益，注意购买低价性商品；有的消费者则是为了追求社会声誉；有的消费者是追求商品的可靠性；还有的消费者则是为了追求商品使用的方便性。所以，企业应注意根据不同消费者的不同购买动机来细分市场。

2. 市场细分的作用

(1) 有利于企业发现新的市场机会，形成新的目标市场。市场机会是指市场上客观存在的未被满足或未能得到充分满足的消费需求。任何企业都不可能满足所有消费者的一切需求，因此市场机会始终是存在的。实行市场细分，研究现有产品对各个细分市场需求的满足程度，有助于企业发现在总体市场研究中难以发现的企业自身条件能满足的新的消费需求，从而形成新的目标市场，使企业在竞争中居于领先地位。

(2) 有利于及时反馈信息和调整营销策略。市场细分后，消费者相对集中，企业比较容易了解消费者的意见和要求，信息反馈加快，企业可以及时地根据消费需求的变化调整自己的营销策略，提高企业的应变能力。

(3) 有利于企业提高经济效益。市场细分对提高企业经济效益的作用主要表现在两个方面：一是企业可以集中人财物力，集中优势兵力打歼灭战，取得较理想的经济效益；二是企业可以面对自己的细分市场，生产出适销对路的产品。由此，既能满足消费者的需求，又能加速商品的周转，有效地利用企业的资源和发挥企业特长，提高产品质量，从而降低企业的生产、销售成本，提高企业的经济效益。

二、目标市场的选择

所谓目标市场是指通过市场细分，被企业所选定的，准备以相应的产品和服务去满足其现实的或潜在的消费需求的细分市场。

可见，市场细分与目标市场的选择有着密切的关系，它们既有联系，又有区别。市场细分是按不同的消费需求划分消费者群的过程，而目标市场则是企业选择一个或几个作为自己营销对象的细分市场。因此，市场细分是选择目标市场的前提，选择目标市场则是市场细分的目的。

1. 评价细分市场

评价细分市场，是选择目标市场的前提。企业选择目标市场，必须首先对要选择的细分市场进行经营价值的评价，分析研究其市场潜力和经营价值。评价内容包括两个方面：一是分析细分市场的有效性；二是匡算细分市场的预期利润。有效的细分市场应具备以下特征：

(1) 可测量性。企业对细分市场的购买力和规模等因素必须能够测定。这样，企业才能决定相应的生产规模，进行合理定价，决定渠道类型和促销方式。

(2) 可进入性。就是指企业根据拥有的资源，通过市场营销组合能够有效地进入细分市场，并能较好地满足细分市场的需要。

(3) 实效性。即要求细分市场有一定的规模和发展潜力。因为对每个细分市场需要运用不同的营销组合策略，即要求为每个细分市场制定不同的价格，开辟相应的流通渠道和开展不同的促销活动，需要花费一定的费用。如果细分市场范围太小，入不敷出，那么，这个细分市场是无效的。同时，细分市场必须要有一定的发展潜力，否则，进入细分市场时的投资就得不到补偿。

企业在评价某一细分市场时，必须认真估算其需求容量与市场潜力。市场需求容量是指某一商品在某一段时间内，某一目标市场上的需求总量。市场潜力是在各企业采取各种营销策略措施后可能增加的潜在需求量。

2. 目标市场营销策略

企业在选择目标市场时，根据企业实际情况，通常有三种策略可供选择。

(1) 无差异性目标市场营销策略。该策略是指将整体市场作为企业的目标市场，推出一种商品，实施一种营销组合，以满足整体市场的某种共同需要。在无差异性目标市场营销策略下，企业把市场作为一个整体，认为所有消费者对某种商品有共同的需求，因而不考虑他们实际存在的需求差异，依靠大众化的分销渠道和相同主题的广告，以求在消费者心目中建立起良好的印象。例如，美国的可口可乐公司在相当长的时间里，由于拥有世界性的专利，仅生产一种口味、一种大小和形状的瓶装可口可乐，连广告字句都一样。

这种策略的优点是成本较低。因为生产品种单一，批量大，销售面广，挑选性不强，广告投入少，生产成本和营销成本都比较低。一般来说，在卖方市场条件下商品供不应求，竞争不激烈，消费者没有特殊要求的情况下，采取这种策略能取得较好的效果。但在买方市场条件下，竞争激烈，这种策略对多数企业都是不适当的。所以，这种策略只适用于少数大家都有共同需要、差异性不大的商品。

(2) 差异性目标市场营销策略。该策略是指企业根据各个细分市场中消费需求的差异性，设计生产出目标顾客需要的多种产品，并制订相应的营销策略，去满足不同顾客的需要。

这种战略的优点：第一，体现了以消费者为中心的经营思想，能满足不同消费者的需要，有利于扩大销售额；第二，企业同时在几个细分市场上占优势，有利于提高企业声誉，树立良好的企业形象，增进消费者对企业和商品的信任感，提高市场占有率。其缺点是：第一，企业资源分散于各细分市场，容易失去竞争优势；第二，商品生产成本和营销成本较高，因采取多种营销组合措施，促销费用较多。

(3) 集中性目标市场营销策略。该策略（也称密集性市场营销策略）与前两种策略不同之处，就是不把整个市场作为自己的服务对象，而只是以一个或少数几个细分市场或一个细分市场中的一部分作为目标市场，集中企业营销力量，为该市场开发一种理想的产品，实行专门化生产和销售。采取这种目标市场策略的企业，追求的不是在较大市场上占较少的份额，而是在较小的市场上占有较大份额。企业面对若干细分市场，并不希望尽量占有市场的大部分以至全部，宁可集中全力于争取一个或极少数几个细分市场，而不是将有限的人力、物力、财力分散用在广大的市场上。

三、市场定位

市场定位是指企业为自己进入目标市场的产品创立鲜明的特色或个性，塑造一定的市场形象，并把这种形象传递给消费者，以确定其产品在市场上适当的位置。市场定位要考虑两点：一是竞争对手的产品有什么特色、市场形象是什么；二是消费者对这种产品的各种属性的重视程度。将二者结合起来进行分析，为企业和产品创造一定的特色形象，然后将这种形象传递给消费者，以求在目标消费者中形成一种特殊偏爱。市场定位有三种主要形式：

1. 避强定位

避强定位是指避开强有力的竞争对手的市场定位。这种方式往往选择市场中的空白地带，避开了激烈的竞争压力，因此能够使产品迅速在市场上站稳脚跟，塑造出明显不同于竞争对手的市场形象。当年“七喜汽水”将饮料市场分为可乐市场和非可乐市场，将自己定位在非可乐市场，获得成功，就是运用了这种定位方式。避强定位的市场风险较小，成功率较高，常常为许多企业所采用。

2. 迎头定位

迎头定位是指与市场上占据支配地位的强大竞争对手“对着干”的市场定位。这种方式往往选择在竞争对手的附近或直逼竞争对手，因此风险性很大，但是一旦赢得市场机会，将会带来巨大利益。正是由于这种极具挑战性的行为，这些企业家常常被冠以“挑战者”“勇敢者”的称号。“百事可乐”向“可口可乐”发起挑战，形成可乐市场二雄相争的局面，就是“百事可乐”长期运用这种市场定位的结果。

3. 重新定位

重新定位是指改变原有定位，重塑产品形象。这种方式通常是针对销售少、市场反应差的产品实行二次定位。造成重新定位的原因是多方面的，可能是初次定位失败，也可能是竞争格局发生变化或消费者偏好发生变化，还有可能是原有产品发现新的市场。

案例链接　　“万宝路”香烟的市场细分与定位

20 世纪 20 年代，美国菲利普·莫里斯公司的“万宝路”香烟打出“像五月的天气一样温和”的口号，并把香烟的烟嘴染成红色，争当女性烟民的“红颜知己”。然而

"万宝路"消费者范围却难以扩大，因为女性对烟的嗜好远不及对服装的热情，而且抽烟会使牙变黄，面色受损。上述原因致使"万宝路"始终默默无闻，此后，公司给"万宝路"配上过滤嘴，使有害的尼古丁进入不了身体，但烟民对"万宝路"的反应始终很冷淡。

1954年，菲利普·莫里斯公司重塑形象，"万宝路"不再以妇女为主要对象，而改为以铁骨铮铮的男子汉为对象，到1968年其市场占有率上升到全美第二位。"万宝路"两种风格的戏剧性转变，使"万宝路"成长为世界著名品牌。

第五节　市场营销组合策略

市场营销组合策略，又称为市场营销组合，是指企业在选定的目标市场上综合运用各种市场营销策略和手段，以销售产品，并取得最佳经济效益的策略组合。市场营销的因素有多种组合方式，运用最广泛的是所谓"4P"的分类方法，把营销因素分成四大类：价格（Price）、产品（Product）、促销（Promotion）、分销渠道（Place）。

一、价格策略

价格的高低直接决定企业盈利水平，也直接影响消费者的购买行为。价格决策是企业经营决策中最重要的决策之一。所谓价格策略，是指按照产品与市场情况，灵活地运用各种定价方法与策略，以吸引顾客，刺激购买，扩大产品销路，实现营销目标。

1. 影响价格的主要因素

（1）产品成本。产品成本是定价的基点，如果产品价格低于产品成本，企业就会得不偿失。一般情况下，产品的价格应高于其成本。

（2）市场价格水平。市场价格水平是产品定价的重要依据。当企业产品具有特色或是质量较高的名牌产品时，企业可以把价格定得高于市场价格。出售质量较差或已被淘汰的产品时，其定价应低于市场价格。

（3）产品的供需状况。当市场对产品的需求量大于供给量时，价格就会出现上升趋势；相反的情况下则出现下降的趋势。

（4）竞争对手状况。企业定价的高低是与竞争对手的产品及其服务和价格综合比较的结果。竞争对手较弱时，企业可以将价格定得较高而获取高额利润。

（5）国家的宏观经济政策。在市场经济条件下，国家不直接干预商品的价格，主要通过宏观经济政策和税收、信贷等经济杠杆来影响价格的形成和变化。

2. 主要的价格策略

（1）新产品定价策略。在企业的新产品上市，竞争对手还没有同样的产品跟上时，企业有两种价格策略可供选择。一是速取策略，又称为“撇油策略”。这是一种高价策略，在新产品投入市场时把价格定得高一些，利用一定时期的垄断地位，及时获取较高的收益。二是渐取策略，又称为“渗透策略”，是指以低价将新产品投放市场的一种策略。

(2) 折扣价格策略。是指非正式的或一定时间让价的策略。该策略能吸引顾客加大购买量或使其成为企业的长期顾客，在一定时期内能增加销售额，加速企业资金周转，比降价具有更大的灵活性。

(3) 差别定价策略。根据需求中的某项差别而制定不同的价格，包括细分市场差价、式样差价、销售地点差价。

(4) 心理价格策略。是考虑到消费者购买心理而实行的各种价格策略的总称，主要适于零售企业使用。主要形式有零头价格、整数价格、声誉价格等。

二、产品策略

1. 产品的内涵

在营销学中，产品是能够提供给市场以满足顾客需要和欲望的任何东西。产品的内涵由五个层次组成：

(1) 核心产品。产品为购买者提供的本质属性，即产品的效用或利益。如住旅店的顾客购买的是“休息的条件”，服装购买者购买的是“御寒和遮体”。

(2) 基础产品。产品满足顾客对核心产品需求的载体。例如，旅店应包括房间、床、卫生间、浴室、衣柜、桌子等。

(3) 期望产品。产品满足购买者在基础产品之上希望达到的一组属性和条件，如旅店的安静的房间、干净的床、工作台灯、网络端口、通信设施等。

(4) 附加产品。产品向购买者额外提供的服务和利益，如送货、维修、保证、融资、培训等。

(5) 潜在产品。产品向购买者提供的未来附加功能和转换功能。例如，电视机预留出连接家庭影院的功能，航空公司在大型客机上增设购物区等。

上述五个层次构成了整体产品。整体产品是企业贯彻市场营销观念的基础，是企业竞争的手段。

2. 产品生命周期

产品生命周期是指产品从进入市场开始到被市场淘汰为止的全部过程。它一般经历产品导入阶段、成长阶段、成熟阶段和衰退阶段，如图 5—4 所示。

产品生命周期各阶段的特点如下：

(1) 导入阶段的特点。产品导入市场阶段销售额缓慢增长。这一阶段，由于产品研发费用和市场开发费用巨大，所以基本上是亏损经营，只有在导入阶段末段，才可能产生微量利润。这一阶段，效仿者不多，因而竞争并不激烈。

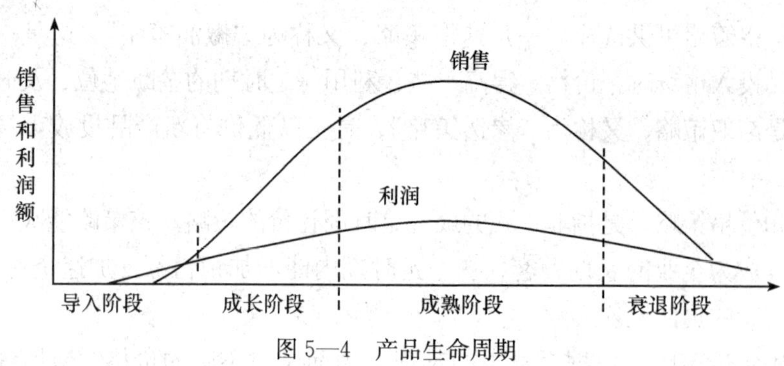

图 5—4　产品生命周期

（2）成长阶段的特点。产品处于成长期，产品已被市场接受，销售额迅速增长。由于规模效应，产品单位成本费用下降，因而利润大幅度增加。此阶段，因利益所致，竞争强度开始增大。

（3）成熟阶段的特点。产品处于成熟期，产品已被大多数潜在购买者所接受，因而销售额增长缓慢，到成熟期末段，销售额甚至会有所下降。这一阶段，由于竞争的日益激化而使利润不易增长甚至有所下降。

（4）衰退阶段的特点。产品进入衰退期以后，销售额明显下降。由于销售的减少和竞争中费用的增加而使利润进一步减少。

产品生命周期的营销是企业营销战略的一个重要方面。通过产品生命周期的分析，不仅可以帮助企业了解产品的发展趋势，适时开发新产品，还可以根据产品生命周期不同阶段的特点，制定相应的营销策略，使企业在不断变化的市场中处于有利的竞争地位。

3. 产品不同阶段的营销策略

（1）导入阶段的营销策略。新产品首次导入市场，销售成长处于缓慢发展状态。在这一阶段，企业一方面应尽量完善产品技术性能，尽快形成批量生产能力，另一方面应采取有效的营销组合策略，以缩短产品导入期。企业可以按主要营销变量，如价格、促销、分销渠道和产品质量等，分别设计不同水平的营销组合，促使产品迅速进入成长期。企业将价格和促销活动作为策略侧重点，导入期的营销策略可以有以下四种组合方式。

1）快速掠取策略。这种策略采用高价格和高促销费用的方式，以求迅速扩大产品的销售量，并获得较高的市场占有率。采用该策略必须具备下列市场环境：大多数潜在的消费者还不了解这种产品；已经了解该产品的消费者则急于求购，并愿意按高价购买；企业面临着潜在的竞争威胁，需要尽快地建立顾客的品牌偏好。这一策略一旦成功，企业可较快地收回产品投资，获取较高的市场回报。

2）缓慢掠取策略。这种策略就是以高价格、低促销费用的形式进行经营，获取尽可能高的市场占有率。采用该策略应具备下列市场环境：总体市场规模有限；市场上大多数消费者已熟悉该产品；购买者愿意支付高价购买；竞争者的加入有一定的困难，潜在的竞争威胁不大。

3）快速渗透策略。这种策略是以低价格、高促销费用方式推出产品，以求达到最快的市场渗透和最高的市场份额。采用该策略的市场环境为：市场容量大；消费者对产品不熟悉；大多数消费者对价格反应敏感；潜在竞争十分激烈，需抢先建立品牌偏好；产品成本会随产量的增加和生产经验的积累而下降。

4）缓慢渗透策略。这种策略是以低价格、低促销费用的方式推出新产品。低价格可以使市场较快地接受该产品；而低促销费用又可以降低营销成本，使企业获取更多的早期利润。采用该策略的市场环境为：市场容量大；消费者熟悉这种产品；购买者对价格反应敏感；存在一些潜在的竞争者。

（2）成长阶段的营销策略。针对成长阶段的特点，企业为了争取持续和较高的市场增长率，获取更大的市场份额和利润，可以采取以下几种策略。

1）寻找并进入新的细分市场。通过市场细分，找到新的尚未满足的分市场，根据需要组织生产，并迅速进入这一新的市场。

2）不断提高产品质量，增加产品式样和特色。增加产品新的功能和特色品种，逐步形成本企业的产品特色，提高产品的竞争能力，以增强产品对消费者的吸引力。

3）在适当的时机降价。企业应在适当的时机降低价格，以激发那些对价格较为敏感的潜在消费者产生购买动机并采取购买行动，从而扩大产品市场份额，增加产品的销售量。

4）进入新的分销渠道。当产品进入成长阶段后，为了适应产品扩大销售的需要，企业应开拓市场，这就需要利用更多的中间商，利用原来不曾用过的分销渠道模式。例如利用代理形式的渠道或直接性渠道。

5）适时改变传播目标。企业的广告目标应从介绍和传达产品信息和建立产品知名度转移到树立品牌形象、说服和诱导消费者偏好和购买产品上来。

（3）成熟阶段的营销策略。产品进入成熟阶段以后，企业应将营销重点放在维持并尽量扩大市场份额，战胜竞争对手，采取主动出击的策略，力争延长成长阶段。为此，对处于成熟阶段的产品应采取以下策略。

1）市场改良。市场改良策略不是要改变产品本身，而是要使产品的销售量得以扩大。其做法为：寻求并进入新的细分市场；使市场上未使用过该产品的人接受并使用该产品；争取竞争对手的顾客；增加产品的使用次数；增加每次的使用量；企业应努力发现产品所具有的一些顾客不了解或不知道的新用途，通过介绍和宣传，使顾客增加产品的使用量等。

2）产品改良。产品改良是通过产品的改变来满足顾客的不同需要，以扩大产品的销售量。主要有质量改进、特点改进、式样改进等方式。

3）营销组合其他要素的改进。营销组合改进的方法主要有：采用价格竞争手段；向更多的分销网渗透或建立一些新的分销网；有效地利用广告等宣传工具；采取更加灵活的促销方式等。

（4）衰退阶段的营销策略。产品进入衰退期以后，企业应视其经营实力和产品是否具有市场潜力，对老化的产品及时谨慎地做出放弃或保留的决策。在衰退期，企业可以选择的营销策略有以下几方面。

1）增加投资。进一步扩大经营规模，使企业在衰退的市场取得支配甚至垄断地位。这一策略比较适宜产品占市场份额最大的企业采用，因为可以抢占某些竞争对手所放弃的市场，或争取竞争对手的顾客。

2）维持原有的投资水平。即在该行业前景未明确前，采取以静制动的对策。这一策略比较适宜于产品占市场份额较大的企业，在产品仍具有一定的潜力或不能清楚地预见市场前景的情况下采用。

3）有选择地减少投资。即放弃某些销售额过小的细分市场，保持或扩大具有潜力的细分市场的规模。这一策略较适宜于产品占市场份额中等的企业采用。

4）尽快收回投资。即不考虑具体后果，快速从现经营的业务或产品中收回资金。这一策略比较适于市场占有额较小的企业。

5）迅速放弃业务。即尽可能采用有利的方式，处理与该衰退产品有关的资产。企业可以采取完全放弃的形式，如把产品完全转移出去或立即停止生产，也可以采取逐步放弃的方式，使其占用的资源逐步转向其他产品。

三、促销策略

促销策略是指企业通过公共关系、广告、人员促销和营业推广等各种促销方式，向消费者或用户传递产品信息，引起他们的注意和兴趣，激发他们的购买欲望和购买行为，以达到扩大销售的目的。常用的促销工具有以下几种。

1. 公共关系

公共关系是指企业在从事市场营销活动中正确处理企业与社会公众的关系，以树立企业的良好形象，促进产品销售的一种活动。

企业运用公共关系工具进行促销活动主要包括以下几个方面。

（1）公开出版物。公开出版物是指年度报告、小册子、文章、视听材料以及公司的新闻小报和杂志，企业可以依靠这些传播材料去接近和影响其目标市场。

（2）事件。企业可通过安排一些特殊的事件来吸引消费者对其新产品和该公司其他事件的注意，包括记者招待会、大型的开幕式、讨论会、郊游、展览会、竞赛和周年庆祝活动，以及运动会和文化赞助等，以接近目标公众。

（3）赞助。企业通过赞助运动、文化活动和高度相关的事业，推广企业品牌；新闻、公关专业人员应找出或创作一些对企业或其产品有利的新闻，争取宣传媒体录用新闻稿和参加记者招待会。

（4）演讲。企业负责人应经常通过宣传工具圆满地答复新闻媒体提出的各种问题，或在行业协会上做演讲，或在交易会上讲话，或在销售会议上演说。

(5) 公益服务活动。企业可以通过向某些公益事业捐赠一定的金钱和时间，以提高其公众信誉。

(6) 形象识别媒体。企业应努力创造一个公众能迅速辨认的视觉形象。

2. 广告

广告是由明确的主办人发起，通过付费的任何非人员介绍和促销其创意商品或服务的行为。广告的实质是信息促销。

广告促销策略包括以下几个方面，见表5—4。

表5—4　广告促销策略

策略	方式	具体方法
馈赠型广告促销策略	赠券广告	利用报刊向顾客赠送购物券。报刊登载商店赠券，赠券周围印有虚线，读者沿虚线将赠券剪下即可持券到商店购物。赠券一般优惠供应商品
	赠品广告	将富有创新意识与促销商品相关的广告小礼品，选择在较大范围内，赠送给消费者，从而引起轰动效应，促进商品销售
	免费试用广告	将商品免费提供给消费者，一般让消费者在公众场合试用，以促进商品宣传效果
直接型广告促销策略	上门促销广告	促销人员不在大众媒体或商店做广告，而是把商品直接送到用户门口，当面向用户做产品宣传，并给用户一定的 附加利益的一种促销方法。这种促销广告能及时回答顾客的问题，解除顾客的疑虑，直接推销产品
	邮递促销广告	促销人员在促销期间将印有“某商品折价优惠”或“请君试用”等字样，并备有图案和价目表之类的印刷品广告，通过邮局直接寄到用户家中或工作单位的一种促销方法
示范型广告促销策略	名人示范广告	请社会名人替商品做广告
	现场表演示范广告	选择特定时间和地点，结合人们的生活习惯，突出商品的时尚功效，做公开场合示范表演
集中型广告促销策略		利用大型庆典活动、赞助公益事业、展销会、订货会、文娱活动等人群集中的场合进行广告宣传

3. 人员促销

人员促销是企业销售人员以直接交谈的方式，向客户传播产品信息的一种促销方式。这种促销方式广泛地运用于企业产品向中间商的推销中。

许多企业都配备若干促销人员，并负责某一市场或区域的促销工作。人员推销也可以用于向最终消费者推销产品，这在国外十分常见。人员促销获得成功的关键不仅在于产品本身的优势，还要关注促销人员的素质和推销技巧，更需要对报酬与业绩采用更加紧密的联动机制，以调动促销人员积极性和创造性。

4. 营业推广

营业推广就是在特定的目标市场中，为了迅速而有效地刺激需求而采取的一些非周期性的促销活动。例如，免费提供样品、赠送优惠券、商品折扣、馈赠、有奖销售等，常见于各大商场的节假日的促销活动。这种方式的最大特点就是促销气氛强烈。让顾客有一种“机不可失，时不再来”的紧迫感，即使明知这种购买行为并不明智，也在所不惜。这种促销方式的主要目的在于扩大影响，增加销量；虽然价格相对低廉，如果使用不当，也会产生贬低产品的效果。

四、分销渠道策略

分销渠道也就是商品流通渠道，是指商品从生产领域向消费领域转移的途径和环节。由于生产者到消费者之间存在时间、地点、数量以及所有权的差异和矛盾，所以必须通过一定的销售渠道，才能克服这些差异，将商品从生产者手中转移到消费者手中。

1. 分销渠道的基本类型

从商品向消费领域转移的环节来看，可以将分销渠道分为厂家直销型、单一环节型和多环节型，多环节型按商品批发站的多少又可分为三站式、四站式及四站以上式。

（1）直销型。直销型是指生产厂家不经过任何流通企业直接将商品卖给消费者。这种形式多适用于小型生产者或者特种设备制造商。例如，农副产品、大型专业设备等。

（2）单一环节销售型。这种销售形式是指生产商直接将产品卖给零售商，由零售商分销给消费者。也就是说，在这种商品流通渠道中，只有零售商一个环节。这种分销模式有利于降低成本、保证产品质量，适合于一般日用消费品的经营。在经济发达的国家中，这种形式的销售会占到全部销售额的半壁江山。随着我国大型超市和专卖店的兴起，单一环节的销售模式正在不断扩大。

（3）多环节销售型。即商品先要经过批发商，再由零售商分销到消费者。即至少要经过批发商、零售商两道环节，有时还要经过两个及两个以上的批发商，才能到达零售商。这种分销形式增加了销售层次，也拓宽了市场面，缺点是由于环节多，储运量大，周转期长，会增加成本，影响销售价格。但是产地与销地距离远，而且生产商或消费者分散时，批发商是不可避免的，有时还需要有产地批发商和销地批发商的共同参与。

2. 分销渠道策略类型

分销渠道策略就是指企业根据产品性质或特点、市场状况以及企业自身条件等因素，对产品分销的长度、宽度等方面进行分析与评估，所确定的分销方案与措施。分销策略主要有三类。

（1）密集型分销策略。密集型分销策略是指尽可能地通过许多符合条件的批发商和零售商来销售其产品，方便消费者购买，提高产品的总体市场占有率。此策略主要适用于经常性购买的日用消费品以及通用性强的工业品。

（2）选择型分销策略。选择型分销策略是指企业在某一市场或地区范围内，只选择少数几家最符合条件的经销商来销售企业的产品。这种分销形式尤其适用于选购品、特殊品。企业在选择方式上可以根据实际情况，采用“短而宽”或者“长而窄”的模式。同时，也可以根据销售业绩，对经销商进行适时调整。

(3) 独家分销策略。独家分销策略是指在一定的市场或区域范围内，只挑选一家中间商销售企业产品。这是一种窄渠道的分销策略，可以保证产品质量和价格的统一性；但这种商品一般要具有一定的品牌或知名度，而且在该地区有足够的销售量，这样才能吸引中间商的加盟。独家分销常常以地区性的“总代理”或“总经销”的形式出现。

案例链接　　麦当劳的营销组合策略

麦当劳公司于 1991 年对前 5 年的经营销售状况做了仔细的分析与研究（见表 5—5），并审视了目前的营销现状和问题与机会，根据这些麦当劳制定了营销目标及营销策略。

表 5—5　　**麦当劳公司快餐 5 年销售情况**　　单位：亿美元

年份 类别	1986	1987	1988	1989	1990
市场销售总规模	440	440	450	470	510
麦当劳的销售额	110	111	114	120	131
麦当劳的市场占有率	25.0%	25.2%	26.3%	25.5%	25.7%

一、市场营销现状

1. 市场状况特征

麦当劳公司发现市场状况与特征主要表现为：快餐食品市场正趋于缓慢发展阶段，由于大多数传统街区和郊区市场已经饱和，目前所表现出的销售增长情况，主要来自传统销售网点，如机场、火车站、办公大楼所在地等，表 5—5 中的资料客观地反映了麦当劳的市场销售现状。

2. 麦当劳的快餐食品

快餐食品主要集中于汉堡包、鸡肉产品和番茄酱，由于某些新开业的专业化快餐食品销售网点向成年人提供更多的食谱选择，而成年人这一细分市场又恰恰是麦当劳缺少顾客忠诚度的薄弱环节，从而对麦当劳构成了潜在的威胁。

3. 积极与消极的事件

公司经认真总结，发现近几年积极与消极的事件主要表现为以下几点。其中，积极事件为：①成功地向市场投入了各种色拉和 MCDLT 三明治。②儿童们对各种幸福快餐的需求仍经久不衰，发展趋势仍比较明显。③麦当劳游乐场的销售仍比较旺盛。④麦当劳的快餐食品仍统治着早餐市场。

消极事件为：①快餐食品本身的市场增长率正处于缓慢增长期。②非儿童市场对麦当劳的忠诚度正在降低。③竞争对手几度向市场投放了各种幸福快餐。④寻求新销售网点的地址越来越困难。

4. 困扰麦当劳的两大问题

此外，麦当劳公司还发现有两大问题仍困扰着经营发展。首先，原先并不重视的儿童市场仍保持不变，若进一步提高成年人市场对公司的忠诚度会十分困难。公司发现，随着人们年龄的不断增长，而对麦当劳的忠诚度却在一天天地降低。每当市场上有新的适宜的快餐食品出现，成年人便会从一个快餐转到另一个快餐，这一切使公司感到非常担心。其次，当开发新销售网点越来越困难时，若继续保持市场增长势头则更难。麦当劳销售网点几乎遍及各地，如今，几乎已没有什么新的潜在地址可供麦当劳开设新址用，竞争对手尽管经营不善、市场销售绩效不佳，但由于能通过不断增设新网点而使市场份额提高。

公司曾采取积极对策，为维持公司市场占有率，麦当劳每年花费约 7 亿美元用作广告宣传与促销，虽然能取得效果，但所花费代价无法降低。

5. 主要竞争对手的表现

目前，对公司构成主要威胁的竞争对手有：伯格王、温迪、肯德基炸鸡、帝·莱特斯 4 家快餐商。其中，伯格王主要模仿麦当劳幸福快餐特色，并以此为基础还对早餐食品增加了许多花色品种，受到消费者的普遍欢迎；温迪目前仍处于奋斗之中；而肯德基却将三明治放入了原先的食谱之中，并正积极开拓市场以扩大市场份额；帝·莱特斯虽不能算作一个竞争对手，但却代表了一种思想，即采用帕斯棒加色拉的食谱，吸引了大多数成年人，同时，向成年人提供如其宣传的营养午餐，深受成年人的喜爱。

二、问题与机会

1. 主要问题

公司制订营销计划的第二步是分析企业所面临的问题与机会。其中，主要问题为：①顾客对麦当劳潜在的新快餐食品评价不高。②适合公司开设新网点的地址非常少。③帝·莱特斯在经营成年人快餐食品销售方面具有巨大的潜力。④各个竞争对手已向市场投放越来越多且花色各异的幸福快餐。⑤食谱花色品种增多，然而所需要的合格员工则越来越少，从而使公司向客户提供的产品和服务的质量越来越低，极大地影响了公司在消费者心目中的形象。

2. 市场机会

公司也看到仍存在许多市场机会，需要企业认真分析与捕捉。①公司刚推出的自由选择的全营养小果子面包受到了顾客的积极响应。②公司在非传统场所开设的网点取得非常大的成功。③公司的地区合作团体和当地的特许经营组织的市场营销能力在同行业中都是最强的。④公司投放市场的各种色拉条取得一定程度的成功。⑤所有快餐食品销售链的产品都受到营养学专家的批评。

三、营销目标与行动方案

公司接着应确定营销目标与行动方案，经初步确定，公司拟达到的营销目标为：

销售额：120 亿美元　　毛利：43 亿美元

毛利率：36%　　　　　　净利：13亿美元

市场占有率：25.5%

根据实际情况反映，1990年公司没有为占领成年人市场而推出一种新产品，也没有如竞争对手那样不断增设销售网点，故公司开始检验自身的市场观念，既要满足那些喜欢传统麦当劳快餐食品的顾客群需要，又能使那些喜欢标新立异、期待快餐食品不断变化的客户感到心满意足。因此，公司在制定新的一年营销目标时，除了将额外的全营养果子面包排除在所挑选的市场之外，其他产品均应保持原有的市场占有率，为此，确立了下一步的行动方案，即：

(1) 不断加强对儿童食品的市场营销活动，以增加儿童对麦当劳公司的凝聚力；继续进行幸福快餐的宣传促销活动，继续增加麦当劳游乐场的数目。

(2) 以成年人市场为目标市场进行促销活动，并规定每6个月组织一次促销活动游戏。不同地区采用不同的宣传方式，例如，对东北部地区大城市市场引入全营养小果子面包，并组织广播电台对此产品进行大规模的广告宣传。此外，重新推出快餐食谱，即双层干酪包，这种食品曾经在20世纪60年代非常流行。

(3) 继续在非传统设店的场所增加销售网点的数目。

(4) 扩大适合于地区合作团体用于广告宣传的素材量。

(5) 增加公司主办的体育运动活动及其有关活动的次数。

(6) 增加发行有关公司快餐食品营养成分及含量的新闻报道，公司高层领导应多露面。

四、营销策略

公司主要采取如下营销策略。

1. 广告宣传活动

公司仍花费巨额资金进行广告宣传活动，与最大竞争对手相比，其费用超出对手的3～4倍，目的是为了扩大市场占有率。公司还针对不同的目标群体采用不同的广告策略，例如，对儿童导向型广告，则选择在儿童表演电视节目中播放；对成年人导向型广告，则选择在晚上和周末电视节目等面向成年人的广播节目中播出。

同时，在不同季节进行不同的广告宣传活动。通常，第一季度是做成年人导向型游戏促销广告；第二季度是在目标城市中向客户介绍各种全营养小果子面包的宣传活动，而在非目标市场中，则在黄金时刻推出宣传产品广告；第三季度是做另一类成年人的导向型广告的宣传活动；第四季度中，利用人们的怀旧心理，配合此季度重新推出双层干酪包的广告宣传活动。

2. 促销策略

通过广告宣传，可能会在第一季度提高销售量，但到了第二季度后，常常又回到了原有的销售水平。产生这种昙花一现的现象本身清楚地说明公司采取促销策略存在缺陷，后经市场调查发现，主要是顾客认为促销活动内容安排太复杂。故公司感到，游戏促销活动要取得预想的成功，还有许多工作需要做。由于1991年快餐食品厂没有什么新花样，可能会引起销售量的降低，所以，促销的重点应力求使这种可能性降到最低，或使此现象并不变为现实；同时，在促销活动内容上应力求简化，以便能让更多的人积极参与。

3. 店内促销

公司仍然继续积极地向市场推销幸福快餐食品，并且有计划地逐月对幸福快餐食品稍作更新，如公司将儿童游乐场的票价下调了35%，以鼓励更多的销售网点积极地购买游乐票，使公司的促销活动取得较为满意的结果。

4. 店堂陈设

公司在店堂中主要陈设各种宣传用的旗帜和招贴，并为游戏促销活动的有效开展，全营养小果子面包能尽快投放于市场而提供各种服务。旗帜可由各种色彩、图案、符号、字母等共同组成；招贴主要适合于贴在或放在调味品台子上和堆放废弃物品的容器上。

5. 公共关系

公司计划在1991年举办3次大型的公关活动。首先，继续支持在全国范围内的各种竞赛活动、高尔夫球和网球运动、高校全美明星赛和管乐吹奏比赛；其次，提高公司总裁在地区合作团体的露面次数，同时，还对合作团体给予额外支出的资金赞助；最后，在有关媒体上发表和介绍关于全营养小果子面包成分的文章，并与批评麦当劳公司快餐食品缺乏营养的文章展开辩论，以消除消费者心目中由于受到误导宣传而残留的错误概念。

6. 包装策略

公司在快餐食品包装上做了改进，即在外包装内容设置方面添加了更富营养的信息，在消费者心目中树立“麦当劳快餐食品有益于人体健康的形象”。

7. 市场研究

公司还加强了对新快餐食品的各种分销策略的市场研究活动，如组织由公司员工参加的最佳新型快餐食品建议竞赛，对提出最佳建议的3名参赛者给予免费到欧洲旅游的机会；接着，对上述3个获奖食品建议再进行市场试验，因为只有能经受市场考验的产品才是有生命力的。又如，对各种新分销点的选择进行必要的市场检验，主要是对销售网点餐馆内一半是家庭导向型而另一半是成年人导向型的这种新型店堂布置进行试验；对将晚上7点的快餐食谱更改为更具成年人导向的可能性进行试验；在大城市，对午餐时推车向综合办公大楼运送食品这一想法进行试验。

8. 地区合作团体策略

主要是支持地区合作团体的广告宣传活动，麦当劳向这些团体提供更多的支持素材。同时，还成立了一个由3人组成的非常小组，以帮助地区合作团体设计符合当地需要的促销策略，公司采取的这一举动取得了比较显著的效果。

9. 销售网点策略

公司对原先取得成效的销售网点和特许经营店采取了积极的扶持政策，尤其对受允许的外国网点、非传统设点的场所等，尽力提高或恢复各街区的活力。

结合营销组合策略分析麦当劳的营销策略。

思考与练习

一、名词解释

1. 市场营销
2. 市场环境
3. 市场调查
4. 市场细分

二、简答题

1. 简述市场营销的基本过程。
2. 简述市场营销微观环境分析。
3. 简述市场营销SWOT分析。
4. 简述价格策略的类型和方法。
5. 简述市场细分的方法和作用。
6. 简述主要的价格策略。
7. 简述产品生命周期理论。

三、案例分析

可口可乐（市场领先者）VS 百事可乐（市场挑战者）

挑战途径：攻击市场领先者。

挑战策略：以价格战手段进行的正面进攻＋以细分市场为手段进行的侧翼进攻＋以地理性侧翼进攻将战火蔓延到全世界。

挑战结果：百事可乐与可口可乐的销售差距从1960年的2.5∶1，缩小到1985年的1.15∶1，可口可乐的领导地位首次出现危机。在1985年年底，百事可乐的销售额一度超过了可口可乐，到1986年可口可乐才夺回宝座。

在饮料行业，可口可乐和百事可乐一个是市场领导者，一个是市场挑战者。世界上第一瓶可口可乐于1886年诞生于美国。这种神奇的饮料以它不可抗拒的魅力征服了全世界数以亿计的消费者，成为“世界饮料之王”。作为市场后起者，百事可乐有两种战略可供选择：向市场领导者发起攻击以夺取更多的市场份额——挑战者战略；或者是参与竞争，但不让市场份额发生重大改变——追随者战略。显然，经过近半个世纪的实践，百事可乐深刻地意识到，后一种选择连公司的生存都不能保障，是行不通的。于是，百事可乐向可口可乐发出强有力的挑战，并在与可口可乐的交锋中越战越强，最终形成分庭抗礼之势。

1902 年，可口可乐公司投下 12 万美元广告费，使可口可乐成为最知名的品牌。次年，可口可乐改变配方，除掉古柯碱成分。由于受到广告刺激与禁酒运动的影响，可口可乐快速成长起来。

1915 年，来自印第安纳州霍特市的一位设计师推出了可口可乐 6.5 盎司的新瓶装，使得可口可乐与其他仿冒品相比，显得不同。此后，这种新瓶装约生产了 60 亿瓶。

百事可乐最早是以 Me—too（我也是）的策略进入市场，你是可乐，我也是可乐。CocaCola 的命名是取可乐倒进杯中，咔啦咔啦的声音，PepsiCola 的命名则是取打开瓶盖可乐冒气“拍嘘”的声音，两种可乐音同而首字不同。

在 1970 年后，可口可乐公司的宣传重点从“清凉顺畅、心旷神怡”的软性诉求，转向“只有可口可乐，才是真正可乐”的防御策略。提醒消费者可口可乐才是真正的创始者，其他都是仿冒品。后来更进一步将 CocaCola 浓缩为 Coke 一词，以摆脱百事可乐的同名干扰。这样店老板再也不会搞不清是拿可口可乐还是拿百事可乐。这是领导性品牌围、追、堵的很好的策略。

百事可乐成长于 20 世纪 30 年代经济大恐慌时期，由于消费者对价格很敏感，因此，1934 年百事可乐推出了 12 盎司装的瓶子，但与可口可乐 6.5 盎司的价格一样，也是 5 分钱。百事可乐利用电台广告大力宣传“同样价格、双倍享受”的利益点。它成功地击中了目标，尤其是年轻人的市场，因为他们只重量不重质。

1954 年，可口可乐销售量降低了 3%，百事可乐上升 12%。1955 年，可口可乐不得不发动反击，同时推出 10 盎司、12 盎司及 16 盎司新包装，但为时已晚。可口可乐在 50 年代开始以 5∶1 的悬殊销售比领先百事可乐，到 60 年代，百事可乐已将比例缩小到一半。

百事可乐的另一个成功策略是抓住了“新一代”。从 1961 年开始，广告强调“现在，百事可乐献给自认为年轻的朋友”，1964 年喊出“奋起吧！你是百事的一代”，使这个观念更明确，大大影响了年轻人的传统意识。百事可乐广告的成功在于充分掌握了年轻人的喜好，使电影和音乐的魅力再现于广告影片中。百事可乐先后以“大白鲨”“ET”“回到未来”等主题拍摄饶富趣味的 CF，特别是以流行音乐制作 CM CONG，引起广大青年人的共鸣。百事可乐还率先聘请当代知名的摇滚红歌星如麦克·杰克森、莱诺·李奇、蒂拉·透娜等作为电视广告主角，又与迈阿密风云男主角唐强生（Don Johnson）签约演出新 CF，声势更大。这一系列广告影片，风靡了全世界，使其品牌形象不断上升，甚至有凌驾可口可乐之上的趋势。

百事可乐不仅在美国国内市场上向可口可乐发起了最有力的挑战，还在世界各国市场上向可口可乐挑战。在美国市场，百事可乐因为可口可乐的先入优势已经没有多少空间。百事可乐的战略就是进入可口可乐公司尚未进入或进入失败的“真空地带”，当时公司的董事长唐纳德·肯特经过深入考察调研，发现亚洲、非洲还有大片空白地区可以有所作为。

1959年，美国展览会在莫斯科召开，肯特利用他与当时的美国副总统尼克松之间的特殊关系，要求尼克松“想办法让苏联领导人喝一杯百事可乐”。于是在各国记者的镜头前，赫鲁晓夫手举百事可乐，露出一脸心满意足的表情。这是最特殊的广告，百事可乐从此在苏联站稳了脚跟。1975年，百事可乐公司以帮助苏联销售伏特加酒为条件，取得了在苏联建立生产工厂并垄断其销售的权力，成为美国闯进苏联市场的第一家民间企业。这一事件立即在美国引起轰动，各家主要报刊均以头条报道了这条消息。

在以色列，可口可乐抢占了先机，先行设立了分厂。但是，此举引起了阿拉伯各国的联合抵制。百事可乐见有机可乘，立即放弃本来得不到好处的以色列，一举取得中东其他市场，占领了阿拉伯海周围的每一个角落，使百事可乐成了阿拉伯语中的日常词汇。

20世纪70年代末，印度政府宣布，只有可口可乐公布其配方，它才能在印度经销，结果双方无法达成一致，可口可乐撤出了印度。百事可乐乘机以建立粮食加工厂、增加农产品出口等作为交换条件，打入了这个重要的市场。

在与可口可乐角逐国际市场时，百事可乐很善于依靠政界，抓住特殊机会，利用独特的手段从可口可乐手中抢夺市场。

问题：

1. 可口可乐和百事可乐在市场营销过程中分别运用了哪些营销手段和方法？

2. 你认为在市场营销过程中采用百事可乐挑战可口可乐的营销策略，需要具备什么条件？

第六章　人力资源管理

企业最重要的竞争是人才竞争。随着时代的发展，企业越来越重视人力资源的开发和管理。微软公司的比尔·盖茨说："我所做的最重要的事情就是雇佣优秀的人才。"联想集团董事长柳传志认为：企业管理者要做的三件最重要的事是搭班子、定战略、带队伍，其中搭班子最重要。进入知识经济时代，经济活动对知识的依赖不断加深，企业对人力资源的依赖越来越突出。本章主要介绍人力资源规划、职务分析、员工招聘与培训、绩效考核与薪酬管理等内容。

学习目标

- 掌握人力资源和人力资源管理的内涵及主要内容
- 了解人力资源规划的内涵和程序
- 了解职务分析的内容和方法
- 掌握员工招聘和培训的基本方法
- 了解绩效考核的主要方法和薪酬基本结构

第一节　人力资源管理概述

一、人力资源管理的含义

所谓人力资源，是指能推动社会、经济发展的，具有智力和体力劳动能力的人们的总和。它是包含在人体内的，可通过劳动过程释放出来的一种生产能力，包括数量和质量等方面。人力资源作为一种可供开发的资源，不同于可供企业利

> **名人名言**
>
> 一家企业最重要的东西：第一是人才，第二是人才，第三还是人才。
>
> ——王永庆（台塑集团董事长）

用的其他资源，具有其自身的特点：

第一，人力资源的基础性内容是人力质量或个体劳动者，包括体质、智力、知识、技能、经验及这些要素与非智力因素构成的个性。

第二，人力资源所具有的、从事智力劳动和体力劳动的劳动能力存在于人体之中，是人力资本的存量，在劳动时才能发挥出来。

第三，人力资源是一定范围的人口总体所具有的劳动能力的总和，它既是一个宏观概念，又是一个经济范畴。

第四，人力资源具有质的规定性和量的规定性，它是数量与质量的统一。

人力资源管理是指企业为了实现既定的目标，运用现代管理措施和手段，对人力资源的获取、使用、开发、保持与评价等方面进行管理，以使企业和个人得到发展的一系列活动的总和。

二、人力资源管理的任务

人力资源管理的任务，一是根据企业长期生产经营发展的要求，预测人才需求，制定企业人力资源规划及其发展战略，以及组织落实的各项措施。二是提高招聘与录用工作质量，吸引及网罗企业所需人才，为企业配备符合职务（岗位）要求，能够认真履行职务（岗位）职责的合格人才。三是加强教育与培训工作，适应当代社会的各方面发展，提高员工的思想道德水平、科技文化知识水平、专业技能水平，不断提高员工素质。四是完善奖酬管理体系，保证奖励与惩罚的公平和公正，以各种有效的激励手段，充分调动员工的积极性。五是健全人员绩效的考评体系，规范岗位工作标准，包括劳动纪律和员工的工作行为，激励员工不断提高工作绩效水平。六是为业务部门提供有关人员管理的专业服务，为员工提供咨询和帮助，沟通部门之间、上下级之间和员工之间的各种联系，改善人际关系，创造和谐的劳动环境。

三、人力资源管理的内容

人力资源管理工作范围广、内容复杂，按照人力资源管理操作的流程，可以分为人力资源规划与预测、职务分析与设计、员工招聘与选拔、员工培训与开发、员工绩效与薪酬、社会保障与劳动关系等。具体内容如下。

1. 制订人力资源计划

通过制订人力资源计划，一方面保证人力资源管理活动与企业的战略方向和目标相一致，另一方面保证人力资源管理活动的各个环节互相协调，避免冲突。同时，在实施此规划时还必须要在法律和道德观念方面创造一种公平的就业机会。

2. 职务分析和岗位设计

职务分析的核心目的在于为管理提供有关一项工作的全面信息，明确每项工作与组织系统的关系，确认每项工作的特点、行为类型、职责范围。岗位设计是要说明工作应该如何做，以及如何使员工在工作中得到满足。

职务分析的主要任务是对现有的工作进行分析，从而为其他的人力资源管理实现，如甄选、培训、绩效评价及薪酬管理等收集信息。职务分析包括工作描述和工作说明书两部分。在进行职务分析时，选择正确的方法是至关重要的。职务分析的目的与内容不同，职务分析的方法也不同。常用的职务分析方法有：问卷法、观察法、访谈法、工作实践法。

岗位设计是指在公司总体的组织机构及各部门的工作职责确定之后所开展的岗位设置，并对各岗位的工作职责、权力、与其他岗位间的工作联系、任职资格要求等做出明确规定，形成岗位规范的一系列工作。

知识链接　**"6W1H"的职务分析公式**

（1）Who：谁来完成这项工作？

（2）What：这项工作具体做什么事情？

（3）When：工作时间的安排是怎样的？

（4）Where：工作地点在哪里？

（5）Why：工作的意义是什么？

（6）Whom：他在为谁服务？

（7）How：他是如何工作的？

3. 员工招聘

所谓招聘是指为了实现企业的持续发展，运用科学的方法，采用多种途径，通过各种形式寻找、吸引那些有能力又有兴趣的人员，并经过挑选，将最适合企业的人员引进，予以录用的过程。

4. 员工培训与开发

员工培训是创造一个环境，使组织成员能够在该环境中获取与其工作相关联的知识、技能和态度。员工的培训是企业人力资源管理中的重要环节。

5. 绩效考评

绩效是指员工的工作行为、表现及其结果。绩效考评（也称人事考核）就是指在一定时期内，对企业中各工作岗位上的员工在工作行为、工作状态、工作成果以及工作潜质等方面进行客观详细的分析总结和考察评价的过程。考评包括考核和评价两个方面。

6. 薪酬管理

薪酬管理是企业为实现其目标，由人力资源部负责、其他职能部门参与的、涉及薪酬系统的一切管理工作，也是制定出吸引人才、留住人才、鼓舞士气的薪酬体系的过程，它是保证企业生产经营正常运行的必要条件。

薪酬是指员工从企业所得到的金钱和各种形式的服务和福利，它作为企业给员工的劳动回报的一部分，是劳动者应得的劳动报酬。事实上，薪酬是一个比较宽泛的概念，这里所指的薪酬包含了企业付给员工的工资、奖金或奖励、福利等多种形式的报酬。

知识链接　人力资源管理同传统人事管理的区别

一、内容不同

传统的人事管理基本上属于行政事务性的工作，而人力资源开发与管理是配合和保障企业总体战略目标的实现活动；传统人事管理范围有限，后者重视对人的能力、创造力和智慧潜力的开发和发挥，管理范围比前者大得多；前者属于短期导向，后者要有预见性地进行管理；前者主要由人事部门职员执行，后者全员参与；前者很少涉及企业高层战略决策，而后者直接参与企业的决策。

二、在企业中的地位不同

传统的人事管理活动被看作是低档次的、技术含量低的、无须特殊专长的、谁都能掌握的工作，人事部门被看作是安置其他部门不能胜任的人员的场所，人事功能本身被贬低和轻视了。人力资源开发与管理直接参与企业的决策，关系到企业战略目标的实现，在企业管理中占有非常重要的地位。

第二节　人力资源规划与职务设计

一、人力资源规划

人力资源规划是指企业人力资源管理部门根据企业外部产品竞争市场和劳动力市场发展变化的预测，以及企业自身发展战略和组织机构内部各项业务发展的要求，制订的企业人力资源的发展计划。

1. 人力资源规划的内容

人力资源规划可分为中长期规划和年度计划。人力资源的中长期规划是企业中长期整体发展规划的重要组成部分，主要是为企业长远发展需要做出的人力资源开发的战略规划。年度人力资源计划是企业年度生产经营计划的重要组成部分，主要是围绕完成企业年度经营目标而对企业人力资源的开发与管理做出的战术安排。人力资源规划的工作内容一般包括对企业现有人力资源状况的分析、对未来人力资源状况的预测、人力资源规划的制定等内容。

(1) 对企业现有人力资源状况的分析。对企业现有人力资源状况进行分析，目的在于掌握现状、分析问题，为人力资源规划进一步要解决的问题提供明确的方向。

一般应分析的内容主要有以下几方面：

1）现有人力需求与供给的合理性分析。即对企业在现有生产经营状态下人力资源的需求程度、饱和程度进行分析，观察企业的各类人员是否符合定编定岗的要求、工作任务与人员安排是否平衡、是否有人力短缺或富余的情况等。

2）现有职务（岗位）结构的合理性分析。即在企业现有组织结构状态下，对各类职务（岗位）之间及人力资源的匹配关系进行分析，观察各类职务（岗位）之间的比例关系是否合理、职务（岗位）标准是否恰当、对各类人员的要求是否合适等。

3）现有人员结构的合理性分析。即对企业现有人员队伍的质量和数量关系进行分析，观察人员队伍在知识、经验、能级、技能、学历、职称、年龄等结构上是否合理。

4）现有人员使用状况的合理性分析。即对企业各类人员的实际使用效果的分析，观察各类人员是否能够达到各职务（岗位）标准的要求、各项定额指标的完成程度、各类人员工作潜力的发挥程度等。

(2）对企业未来人力资源状况的预测。对企业未来人力资源状况进行分析，目的在于掌握企业未来各种生产经营要素的变化对人力资源需求可能产生的各种影响，为编制人力资源规划提供可参考的内容和标准。

一般应预测的内容主要有以下几方面：

1）未来人才和劳务市场的变化对企业人力资源需求的影响。要预测未来人才和劳务市场的变化趋势，分析对企业获取人才的来源、难易程度、成本等有哪些影响。

2）企业未来经营方向或经营规模发生变化对人力资源结构的影响。要预测市场的发展趋势，根据企业长远发展规划的要求，分析经营方向或规模发生变化时，对企业人员结构在知识、技能及数量等方面的要求。

3）企业未来组织结构的发展变化对人力资源结构的影响。要预测未来企业组织的变化趋势，分析组织的部门结构和权责关系发生变化对各级管理人员素质和数量的要求，分析生产组织和劳动组织的变化对人员定编定岗产生的影响。

4）企业未来产品结构的发展变化对人力资源结构的影响。要根据企业长远发展规划的要求，分析产品结构变化或产品的更新换代导致的生产工艺过程发生变化，对生产岗位数量和结构产生的影响。

5）企业未来技术结构的发展变化对人力资源结构的影响。要根据企业物质技术基础的发展趋势，分析新技术的采用、设备的更新改造等对人员队伍知识、技能以及数量变化上的要求。

6）企业未来劳动生产率的变化对人力资源结构的影响。要分析企业各种条件的变化趋势对提高劳动生产率的作用大小，进而分析对人力资源需求的影响程度。

(3）企业人力资源规划的制定。企业制定的人力资源规划应包含的内容主要有以下几方面：

1）职务（岗位）的设置规划。此项规划的内容主要是根据企业长期或近期的经营目标、生产经营的特点、劳动生产率状况，以及组织结构的发展要求，确定职务（岗位）标准，规划企业的定编定员。

2）人员的分配与使用规划。此项规划主要是从合理用人的角度进行的规划安排，包括各种人员的职务（岗位）分配、人员的工作调整、调动安排等。

3）人员补充与更新规划。此项规划主要是对企业各种人员的新增、成长、减员、淘汰等做出的规划安排，以便于企业准确把握补充和更新人员的时机和数量，合理制订招聘计划。

4）人员的教育与培训规划。此项规划主要是从不断提高企业员工素质的角度，适应企业长远发展的需要，对人员的教育与培训做出的规划安排。包括教育与培训的内容、途径、方法及人员安排等。

5）人员的维护规划。此项规划主要是从维护劳动者有效的工作能力，激发员工积极性的角度，对人力资源开发与管理进行的规划安排。包括安全生产、员工保健与福利、奖酬制度的确定与调整等内容。

案例链接

某企业人力资源规划内容见表6—1。

表6—1　　某企业人力资源规划内容一览表

计划类别	目标	策略	预算
总体规划	企业绩效、人力资源素质及构成、员工个人发展等	扩大、稳定、收缩；培训、激励等	总预算
员工招聘计划	招聘数量、类型、层次，优化人员结构，提高绩效	素质标准、招聘渠道、选拔策略	招聘费用 选拔费用
员工使用计划	部门编制、员工结构优化、绩效改善、合理配置、职务轮换	任职资格、职务轮换范围和时间等	根据职位和绩效等决定员工的工资
员工晋升计划	后备人员数量保持，提高人才结构和绩效目标	竞争上岗、择优录用、提升比例、选拔标准	职务变动引起的员工报酬变动
员工培训计划	员工知识技能改善、培训数量与类别、提高绩效、改善工作作风等	保证培训时间、培训效果跟踪	培训投入、脱产培训损失
劳动关系计划	降低非期望离职率、改善劳动关系、减少投诉和争议	参与管理、加强沟通、合同管理等	法律诉讼费
退休解聘计划	降低人工成本、提高绩效、改善人力资源结构	退休政策、解聘程序等	安置费、退休费

2. 人力资源规划的作用

(1) 有利于组织制定战略目标和发展规划。人力资源规划是组织发展战略的重要组成部分，同时也是实现组织战略目标的重要保证。人力资源规划是企业人力资源管理的基础，它由总体规划和各种业务计划构成，为管理活动（如确定人员的需求量、供给量、调整职务和任务、培训等）提供可靠的信息和依据，进而保证管理活动的有序化。

（2）有利于调动员工的积极性和创造性。人力资源管理要求在实现组织目标的同时，也要满足员工的个人需要（包括物质需要和精神需要），这样才能激发员工持久的积极性。只有在人力资源规划的条件下，员工对自己可满足的东西和满足的水平才是可知的。

（3）有利于控制人力资源成本。人力资源规划有助于检查和测算出人力资源规划方案的实施成本及其带来的效益。要通过人力资源规划预测组织人员的变化，调整组织的人员结构，把人工成本控制在合理的水平上，这是组织持续发展不可缺少的环节。

（4）有利于组织的战略发展。人力资源规划是一种战略规划，是着眼于未来的企业生产经营活动预先准备人力，持续和系统地分析企业在不断变化的条件下对人力资源的需求，并开发制定出与企业组织长期效益相适应的人事政策的过程。它是企业整体规划和财政预算的有机组成部分，因而对人力资源的投入和预测与企业长期规划之间的影响是互相的。

3. 人力资源规划程序

人力资源规划过程可以分为四个步骤。

（1）信息收集。人力资源信息可以分为内部信息和外部信息两大类，其中企业内部信息包括企业发展战略、经营计划、人力资源现状。企业外部环境信息包括宏观经济形势、行业经济形势、技术发展趋势、产品竞争状况、劳动力供求状况和人口与社会发展趋势等。外部环境信息是企业制定人力资源规划的约束，企业制定的任何措施和政策都应与之相适应，否则会影响计划的有效性。

（2）人力资源需求与供给预测。在收集、分析人力资源需求与供给信息的基础上，对企业的人力资源需求与供给进行预测，这一步是人力资源规划中技术性较强的工作，直接决定规划的效果和成败。

知识链接　**影响人力资源需求预测的主要因素**

影响人力资源需求预测的因素主要有生产技术变化、管理方式变化、消费者购买行为变化、经济形势、企业市场占有率、政府的产业政策等。人力资源需求预测需要考虑的变量有：

第一，企业的业务量或产量，由此推出人力需求量。

第二，预期的人员流动率，由此推算企业职位的空缺。

第三，提高产品质量或进入新行业的决策对人力的需求。

第四，生产技术水平或管理方式的变化对人力资源的影响。

第五，企业所拥有的财务资源对人力需求的约束。

（3）制定人力资源总体规划和业务计划。根据人力资源供求预测的结果，提出企业人力资源管理的总体规以及各项具体工作的目标、策略投入等。在制订这些计划的过程中，要注意与企业其他计划的衔接和平衡。

(4) 人力资源规划的实施与效果评价。规划制定出来以后，在实施过程中，要加强监督、检查，发现问题及时纠正。规划实施后，还要对结果进行评价，积累经验，以指导以后的人力资源规划工作。在评价人力资源规划时，需要将执行结果与规划内容进行比较，找出两者的差距，分析差距产生的原因，原因一般有两种：规划本身的问题；执行过程中的问题。

二、职务分析

职务分析是指全面收集某一职务的有关信息，对该职务的设置目的、工作内容、承担责任、工作环境和条件，以及员工为承担该职务所需具备的资格条件等方面进行系统分析和研究，并制定出职务说明书和职务规范的过程。

在职务分析中，任务、职位、职务、职务描述、职务规范必须清楚明确。任务是指安排给员工要完成的具体任务；职位是员工要完成的一组任务；职务是由许多工作性质、类别、环境相同的职位组成；职务描述是指根据任务分析的结果，以书面形式加以描述并整理成文件的过程，最终表现为职务说明书；职务规范是指任职者承担职务需达到的认知资格，包括知识、技能、经验、身体健康状况等。

1. 职务分析的内容

(1) 工作任务分析。包括工作任务的内容、形式、操作程序和方法、使用设备工具等。为了实现企业的目标，需要完成许多相互联系的工作任务，将这些工作任务按照分工协作原则落实到个人，就形成了许多不同的职务。

(2) 工作职责分析。就是对职务权限范围、责任大小、重要程度的分析。某职务权限范围越广，对实现企业责任目标的贡献越大，那么他的职责就越重要，职务等级也就越高。

(3) 职务关系分析。职务关系是某职务与相关的上下左右各职务的协调配合关系。

(4) 任职者分析。是对任职者应具有的知识、能力、经验、身体状况的分析。

(5) 劳动环境和劳动条件分析。包括工作环境、工作进度安排、组织文化以及激励措施等方面的分析。

2. 职务说明书和职务规范

职务分析的结果就形成职务说明书和职务规范，两者既有联系又有区别。前者主要说明任职者需要做什么、怎么做以及为什么要做，包括工作内容、承担责任、环境条件、与其他职务的关系以及从业要求等。后者的内容则相对简单，说明任职者成功开展工作应具备的资格标准，包括知识、技能、经验和身体健康状况等。从内容上看，职务规范仅是职务说明书的一个重要部分，而且实际工作中，往往职务说明书就把两方面的内容都包括了。两者的区别在于，职务说明书是以事为中心，对职务做出全面、系统深入的描述；职务规范是以人为中心，解决什么样的人员才能胜任该职务的问题。

案例链接　　　　　　　　　人力资源主管职务说明书

职务名称：人力资源主管。

所属部门：人事行政管理部。

职务代码：HR—02—01。

薪资等级：B2。

直接上司：人事行政部部长。

直接下属：招聘与录用专员、绩效与报酬管理专员、人事信息管理专员、外事专员。

工作概要：负责政策制定与员工关系模块，对小组工作全面负责。

主要职责：

①负责各种人事政策的制定、检讨与改进。

②负责人事审批工作。

③处理劳资协调和咨询，以及劳资纠纷、人事申诉、离职面谈。

④负责员工合理化建议制度的推行。

⑤与员工进行积极沟通，了解员工工作、生活情况。

⑥负责工作关系分析。

工作环境：办公室，舒适。有时需要出差。

任职资格：

①工作经验：三年以上管理类工作经验。

②专业背景要求：曾从事人力资源管理工作两年以上。

③知识要求：本科以上，能流利听说英语。

④年龄要求：40 岁以下。

⑤个人素质要求：积极热情、善于沟通、待人公正、有良好的团队精神。

3. 职务分析的方法

（1）现场观察法。职务分析人员到工作现场，直接对员工的工作进行观察，并以标准格式记录有关工作的信息。适合于身体活动较多的工作，如流水线工人、维修工等，但不适合脑力劳动含量高的工作和需要处理紧急情况的间歇性工作，如会计师、工程师等。

现场观察法的优点是：有关人员可以全面、深入地了解工作的内容、人机关系、不同工作间的关系，以及工作环境、条件等信息。缺点是：容易使员工感到自己受到威胁，在内心产生对观察人员的反感。因此，采用现场观察法进行职务分析时，必须得到员工的理解、支持和配合。

（2）面谈法。通过与职务承担者交谈，收集职务分析信息的方法。使用面谈法时，需要以标准的格式记录谈话内容，目的是使提出问题和回答问题限定在与工作直接相关的范围内，同时也便于比较不同员工的反应。面谈法的种类有个别员工面谈法、集体面谈法和主管人员面谈法。个别员工面谈法适用于各个员工的工作有明显差别、时间又比较充裕的情况。集体面谈法适合于多名员工从事同一职务的情况。主管人员面谈法是指同某职务的主管进行面谈，因为主管人员对下属职务有相当了解，主管人员面谈法可以减少职务分析的时间。

面谈法的优点是可以简便而又迅速地收集到职务分析信息，适用面广。由于任职者对工作有长期的自身体会，而这些体会往往是观察不到的，因此，通过深入的交谈可以提高收集信息的全面性的准备性。该方法的缺点是员工容易把职务分析看成变相的绩效考评，这可能会增加员工面谈中的压力，使之夸大岗位的责任和难度，从而导致信息的失真和扭曲。

(3) 调查问卷法。即员工在一份列有大量问题项的问卷上，将他们工作的任务、相关因素标出或给予排序。一般情况下，调查问卷是高度结构化的，而且面面俱到，被调查者只需把自己的选择标出即可。但也有比较开放性的问卷，即问卷中的问题多为开放性的问题，如“请叙述您工作的职责”。结构化的问卷便于分析、归纳，开放性的问卷便于员工谈出体会。因此，最佳的问卷应以结构化问题为主，并附于开放性问题。

调查问卷法的优点：第一，可以迅速得到职务分析信息，节省时间和人力；第二，调查表可以在工作之余填写，对工作影响不大；第三，调查的样本可以很大，这在一定程度上是由于调查问卷可以通过计算机处理。其缺点是设计理想的调查问卷比较困难，为了提高问卷质量，有时不得不借助外部咨询机构，这必然会增加费用。

(4) 工作日志法。即让员工将其每天的活动以比较规范的格式记录下来，以供职务分析人员查阅。工作日志可以提供大量的信息，即工作内容、工作效率、例外事项以及工作中涉及的关系等。工作日志不仅可以为职务分析提供信息支持，同时也是员工自我诊断的工具。

三、职务设计

职务设计是将任务组合起来构成一项完整职务的过程。职务设计与职务分析之间既有共同点，也有不同点，共同点是它们最后都形成职务说明书和职务规范；不同点是，职务分析是对现有职务的客观描述，而职务设计是对现有职务的认定、修改或产生新的职务。职务设计的方法有以下几点。

1. 职务专业化

按职务专业化的模式进行职务设计，就是把职务简化为细小的、专业化的任务。职务专业化的基本工具就是时间——动作研究，即通过分析工人的手、臂和身体其他部位的动作，工具、身体和原材料之间的物理机械关系，寻找工人的身体活动、工具和任务之间的最佳组合，实现工作的简单化和标准化，以使所有工人都能够达到预定的生产水平。

按职务专业化思路设计出来的职务简单、可靠、安全，但由于它很少考虑工人的社会需要和个人成长需要，会产生很大的副作用，包括工作的单调乏味、工人对工作产生厌倦和不满情绪、管理者和工人之间产生隔阂、离职率和缺勤率增高、怠工和工作质量下降。

2. 职务轮换

职务轮换是通过工作调换，实现员工工作多样化，进而避免产生工作厌倦。职务轮换有两种类型：纵向轮换和横向轮换。纵向轮换指的是升职或降职。我们一般谈及职务轮换都指的是横向轮换，横向轮换往往被视为培训的手段，并有计划地进行。

职务轮换的优点是：第一，它拓宽了员工的工作领域，给予他们更多的工作体会，减少工作的厌倦和单调感。第二，可以使员工对企业中的多种活动有更多的了解，为其承担更大责任的职务奠定更好的基础。

职务轮换的不足是：将一名员工从先前的职位转入一个新的职位，有可能导致生产效率的下降。因为，员工在原职位上正在高效率地为企业创造着效益，若把他换到新的职位上，不仅由于经验缺乏限制其在新职位上的效率，而且原职位上的效率也会受影响。此外，职务轮换可能使那些偏爱在所选定的职业领域中寻求更大发展的员工的积极性受到影响。

3. 职务扩大化

职务扩大化是指通过增加某职务所完成的不同任务的数量，实现工作多样化。职务扩大化所增加的任务往往与员工以前承担的任务内容具有类似性，因此，它只是工作内容水平方向的发展。

职务扩大化只是工作内容水平方向的扩展，不需要员工具备新的技能，因此，它并不能改变员工工作的枯燥感觉。职务扩大化试图避免职务专业化造成的缺乏多样性的缺点，但它并没有给员工的活动提供多少挑战性和兴趣。

4. 职务丰富化

职务丰富化是指赋予员工更多的责任、自主权和控制权。根据赫兹伯格的保健激励理论，公司政策和薪酬等属于保健因素，如果这方面的因素达到了可以接受的水平，只能使员工没有不满，但产生不了激励作用。能够产生激励作用的是员工的责任感、成就感和个人成长等因素，因此，给工作中增添激励因子，使工作更有兴趣、更有自主性和挑战性，就成为职务丰富化的基本思想。例如，在一般情况下，商店的营业员的职责主要是导购，如果还让他们负责处理订货和退货，就将他们的职务丰富化。

职务丰富化的途径有：一是实行任务合并，即让员工从头到尾完成一项完整的工作，而不是只让他承担其中的某一部分；二是建立客户关系，即让员工有和客户接触的机会，出现问题也由其负责处理；三是让员工规划和控制工作，而不是由别人控制，员工可以自己安排时间进度，自己处理遇到的问题。四是建立畅通的反馈渠道，使任职者能迅速地评价和改进工作绩效。

职务丰富化也是有限制的。首先，如果绩效低下不是由于激励不足导致的，而是由于员工技能不够、培训不足或工作环境问题所致，职务丰富化就没有多大意义。其次，职业丰富化必须在经济上、技术上是可行的。最后，员工必须愿意接受具有挑战性的工作。

5. 工作团队

工作团队是由两个或多个员工组成的工作群体，群体成员相互配合以实现特定的共同目标。在工作团队中，每位员工都具有多方面的技能，他们不再从事某一特定的任务。当一系列任务被分派给团队后，由团队决定谁在什么时候做什么工作，并在需要时轮换工作。工作团队可以是长期的，也可以是临时的。工作团队可以有管理者，也可以没有管理者。有管理者的团队，被称为综合性的团队；没有管理者的团队，被称为自我管理式工作团队。

案例链接　　　　**人才不适为哪般**

北京顺义公司某乡镇企业，为了寻求大的发展，该企业雄心勃勃地启动了“换三茬人”的计划：第一茬：基层领导班子100％换上引进人才；第二茬：中层管理要害部门的第一把手50％换上外聘高级人才；第三茬：招聘、培养年轻骨干充实到厂级副职的位置上。换人的原因，董事长周青讲：企业发展的速度很快，产量以每年翻三番的速度提高，但随着产品在社会上占有量越来越多，充实技术力量、增强发展后劲成为当务之急。

“人才楼”盖成了，班车开通了，ISO9000国际质量认证拿下了，招聘来的30多名有工作经验的大学生充实到了管理、技术和营销岗位上。一年之后，人们听到的消息竟是：厂里外聘的高级工程师已经走了几拨，而新聘的30多名大学生除剩1人外，集体递交了辞职报告并陆续离厂。目前，外聘人才的岗位已被一些从大单位退休返聘的人员和从社会上临时招聘的人员代替。现在与工厂仅一路之隔的“人才楼”显得出奇的冷清，其漂亮的绿瓦白墙外貌也被村里其他建筑衬得很不协调。人才离去的原因各有说法。

厂长周青惋惜地告诉读者：一是因为招聘的大学生们大多数来自外地，到了北京以后，随着接触面的扩大，有了更好的选择，所以就跳槽了；二是由于厂里在管理上没有经验；三是由于内部老职工的排斥。

厂里的老职工们却认为这是意料之中的事情，理由是厂里在待遇、政策上的一贯偏爱宠坏了他们。

为这项人才战略招兵买马的原该厂人事部部长荆先生则认为：“厂长的任务不是发现人才，而是建立一个可以出人才的机制。但该厂却始终没有建立起来。”荆先生认为，公司应该明确各个职位的工作内容、资格和升迁要求、待遇水平，使每个职工都了解自己的奋斗目标。此外，企业还要制订一项特殊的人才计划，专门奖励表现优异的员工，大家公平竞争，谁干得好就用谁。

大学生们却认为，与其他公司相比，他们在该厂并没有得到特殊的待遇。他们把对企业的种种抱怨归结为一点：看不到发展的前途。这也是他们集体辞职的根本原因。据介绍，该厂当初在招聘时不是根据岗位的要求对不同的人才做能力界定，而是用同一把尺子丈量所有的应聘者，用完全一样的能力模式面试同一批员工。

有关方面去了解情况时，高薪临时聘请来解决技术问题的蔡总工程师和孙总工程师认为，厂里引进人才，客观地讲是厂长比较重视，老员工比较抵制，厂长也有很多为难之处。不过，现在一些老员工也逐渐认识到了技术的重要性，只有极少数人还认为外聘人员是来赚钱的。

思考：

1. 试分析该厂外聘人才集体辞职的原因。

2. 从案例中分析应如何做好人力资源规划？

3. 请为该厂拟定解决问题的办法。

第三节　员工的招聘与培训

一、员工招聘

1. 招聘渠道

一般来讲，企业的招聘渠道有两种，一是从内部提升，二是从外部招聘。内部提升是从企业内部选拔符合要求的人员来充实空缺岗位。这样组织内部将有人从较低的职位选拔到较高的职位上，担负更重要的工作，拥有更多的权力。外部招聘则是从企业的外部吸引、选拔符合要求的求职者，以此来充实本企业的空缺职位。主要渠道有广告招聘、校园招聘、熟人推荐、通过就业服务机构等。

两种招聘渠道各有利弊，应结合企业的实际需要选择，例如通用电气公司几十年来一直从内部选拔 CEO，而惠普、IBM 公司则从外部选拔。两种招聘渠道具体的优缺点对比见表 6—2。

表 6—2　内部提升和外部招聘优缺点对比

招聘渠道	优点	缺点
内部提升	①相互了解，组织对候选人的脾气秉性、长处和短处比较了解，候选人对空缺的职位也有相当的了解 ②企业内部人员对企业的历史、文化、目标、现状和存在的问题有比较充分的了解，有利于被选拔者较快的胜任工作 ③有助于调动企业内部人员的积极性和上进心，提高士气和绩效；内部选拔风险小、成本低	①招聘范围小，仅限于企业内部，往往会使企业失去得到更优秀的人才的机会 ②不利于企业创新，由于企业内部人员习惯了既定的思维和做法，不易产生新的观念和方法，甚至反对变革 ③容易产生攀比的心理，没有提拔的人员的积极性可能会受到一定的挫伤

续表

招聘渠道	优点	缺点
外部招聘	①招聘范围广，人才资源充分，有利于组织招聘到一流的人才 ②可以避免“近亲繁殖”给组织带来的思想僵化、阻碍企业创新等 ③有利于缓解内部竞争者之间的紧张关系	①如果企业内部有可以胜任职位的人选，但是没有从企业内部选拔，可能会使内部人员感到不公，影响他们的士气和积极性 ②外来者对企业的历史、文化、经营状况等问题了解甚少，需要有一个熟悉的过程，才能胜任工作 ③外部招聘风险大，成本高

2. 员工招聘的主要方法

为了对应聘人员的知识水平、能力、职业兴趣和个性特征等多方面内容有一个比较全面、深入的了解，挑选出适合工作岗位的最佳人选，企业都会采用不同形式的考试和测验方法对应聘人员进行测试和评价。

(1) 笔试。根据公司或工作的要求，由专业人员设计考卷。测验则需要借助标准化的量表进行。常用的测验包括智力测验和个性测验。

(2) 面试。面试是要求被试者以口头语言回答主试者的提问，以便了解被试者心理素质和潜在能力。根据面试中所提的问题，大体可分为以下三种类型：结构式面试、非结构式面试、混合式面试。混合式面试是将结构式面试与非结构式面试结合起来，这也是最常用的一种方法。

(3) 情景模拟。情景模拟是指根据应聘者可能担任的职务，编制一套与该职务实际情况相似的测试项目，将应聘者安排在模拟的工作情景中处理各种问题。常用的方法有：公文处理、谈话、无领导小组讨论、角色扮演和即席发言等。

3. 企业招聘员工与录用的流程

员工招聘与录用工作是一个复杂、完整而又连续的程序化操作过程。对于不同企业和不同时期，招聘与录用员工的程序不是固定不变的，各企业可以根据自己空缺职位的具体要求，自行决定适合自身的招聘与录用程序。一般而言，企业员工招聘与录用程序如图 6—1 所示。

在具体招聘中，企业一般按照以下四个阶段开展人员招聘工作。

(1) 招聘计划阶段。招聘计划指的是把对工作空缺的描述变成一系列目标，并把这些目标和相关求职者的数量和类型具体化。招聘计划的内容要确定招聘目标和人数、招聘条件，要确定招聘信息发布渠道、公司招聘组成员、计划招聘方案和时间进度，并提出招聘活动的经费预算，列出详细的招聘活动时间表。此外，有关招聘活动的经费预算经过领导批准后，需要填写费用申领的单据到公司财务部门领取。

(2) 组织实施阶段。组织实施是招聘计划的具体体现，是为实现招聘而采取的具体措施。对于许多企业来说，都会组成专门班子，并对员工进行必要的培训，使他们掌握

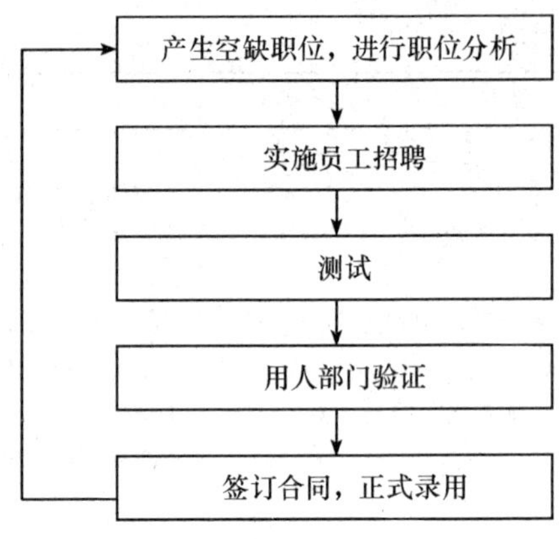

图 6—1 企业员工招聘与录用的流程

招聘政策及必要的招聘技巧。

(3) 寻找、吸引求职者阶段。主要通过发布招聘信息吸引求职者。发布招聘信息的渠道有报纸、杂志、电视、电台、广告和新闻发布会等。

(4) 候选人选拔阶段。选拔候选人是招聘过程的一个重要组成部分，其目的是将明显不合乎职位要求的申请者排除在招聘过程之外。挑选录用员工的步骤包括收集、评价应聘者资料和简历，选拔测试，面试，审核资料，体检，试用期考察，正式录用等环节。

在这个阶段，最重要的是确定选拔员工的依据，组织选拔员工，首先要明确选拔的依据和标准。总体来讲，德才兼备是企业选拔员工的总体要求。从具体承担的工作来讲，主要包括两个方面：职位要求和人员自身要求，见表 6—3。

表 6—3 选拔员工的依据

要求	说明
职位要求	不同的职位对选拔人员具有不同的要求，首先，必须要对职位的性质、工作内容、目的等要素有一个清楚的了解。在前面谈到的职务设计和职务分析、职务说明书的内容是员工选拔的主要依据，对职务做了总体的规定
人员自身要求	个人素质非常重要，与一个人的能力大小密切相关，具体包括： ①身体方面。身体健康、精力旺盛、行动敏捷 ②智力方面。包括理解力、学习能力、判断能力、记忆力以及思维敏捷、灵活、专注 ③品德方面。勇于承担责任、忠诚、有毅力、有自信和创造精神 ④一般文化。具有不限于专业方面的知识，即博学 ⑤专业知识。具有技术和管理方面的专业知识 ⑥经验。具有从实际工作中获得的知识

(5) 招聘活动后的工作。一是按照工作流程，要求新进人员办理入职手续，填写有关表格，并办理档案转移；二是结算招聘活动费用的使用情况，整理有关费用的发票，并填写凭证，交领导审核签字后，提交财务部门；三是招聘活动结束后，人力资源管理

人员应该总结招聘的得失，并将招聘活动的过程和结果编写纪要。

二、员工培训

现代企业人力资源管理应重在对企业人力资源的开发上。人力资源开发包含两个方面的含义：一方面是对人力资源潜力的充分发掘和合理利用；另一方面是对人力资源的培养与发展。要实现这两方面的目的，就离不开对员工的教育与培训，教育与培训是人力资源开发的必要手段。

1. 员工培训的意义

开展有效的教育与培训工作，对人力资源的开发有着重要的意义。首先，对员工进行的职前教育和岗位培训，使员工更快地具备履行岗位职责应必备的条件；其次，对员工的系统教育与培训，有利于开发人的智力，发掘员工的工作潜能，从而提高员工的工作质量和工作效率；再者，对员工进行以更新知识和技能为主的教育与培训，有利于顺应信息时代知识更新瞬息万变的特点，不断提高员工的知识和能力水平，进而提高企业的整体竞争能力；最后，对教育与培训的投入，可使员工感受到企业对人的重视，作为激励因素，有利于增强员工对企业的归属感和凝聚力，激发员工的积极性。

2. 对员工教育与培训工作的要求

(1) 要有健全的组织管理体制。这是正常开展员工教育与培训工作的必要条件。首先，应有健全的组织机构，负责员工教育与培训工作的全面协调和组织实施工作；其次，要有员工教育与培训的长远规划和组织实施计划，使其成为企业的一项规范化、制度化、经常化的工作；再者，对此项工作应有必要的投入，使培训工作具备必要的物质和资金条件；最后，应有必要的规章制度，要将员工的教育与培训同考核、岗位责任制、奖惩制度结合起来。

(2) 要针对不同的培训对象采用不同的培训内容。培训工作必须因人而异，有的放矢。对于企业的高层管理人员，应侧重对党和国家相关政策和法规的学习，侧重对开展市场经济所需要的系统管理理论的学习和综合管理技能的培训，不断提高人员的管理观念、经营思想和经营水平。对于企业的中下层管理人员，应侧重文化层次的提高，以及相关专业管理理论的学习和技能的培训，不断提高人员的组织管理水平。对于企业的工程技术人员，应侧重追踪科学技术知识的发展与更新，以提高技术创新能力。对于企业的工人，应侧重基础文化知识的学习和岗位技能的培训，以提高工人的文化素养和操作技能。

(3) 要注重培训内容的全面性与专业性的结合。全面性强调的是员工教育与培训工作应有利于员工整体素质的提高，对员工既要重视文化科学知识的培养，也要注重思想政治教育；既要注重技术与技能的培训，也要注重基础文化知识的教育。要使员工的政治思想、道德观念、知识水平和能力水平都有不断提高。专业性强调的是员工教育与培训要以知识和能力的培训为重点，要密切联系企业生产经营活动的需要，有针对性地开展培训工作。

（4）要注重培训方法的理论性和实践性的结合。理论知识和实践技能二者是相辅相成的，人的实践活动要借助于理论知识的指导，人们对理论知识的深刻理解和认识，也有赖于实施活动的帮助。对员工的教育与培训，不能因为员工来自于实践，而只偏重于理论的学习，也不能就事论事，仅注重实践技能的培训。二者应有机地结合，使员工通过理论的学习，加深对实践技能的认识，通过实践技能的培训，加深对理论知识的理解。

（5）要符合成人教育的特点，注重培训形式和方法的多样化。企业员工的教育与培训具有在职教育和职业培训的特点，其培训的方式和方法不能等同于普通学校的在校教育。应能根据不同行业和企业的特点，根据企业的实际条件和不同的培训对象，采用多种形式的培训方法。

3. 培训的形式和方法

从培训与工作岗位的关系划分，主要有职前培训、在职培训和非在职培训。

（1）职前培训。即对未进入工作岗位的人员，先进行职业技术培训。目的是为了使员工对所面对的新岗位有一个清晰的了解，使之掌握进入工作岗位时所必需的知识和技能，使人员能够在进入工作岗位后较快地熟悉和适应工作环境。职前培训的方式可以多种多样，如企业自办培训班、通过专业对口的职业学校招收人员、企业与学校共办培训班、学校为企业代培所需人才等。

（2）在职培训。即对已进入工作岗位的人员进行培训。目的是为了使广大员工不断地增长知识和经验，训练能力以适应科技发展带来的知识更新和企业不断发展的需要。在职培训的方法可以多种多样，如请专家、教授讲授，参观学习，现场实习，函授教育，职务轮换，多种形式的视听教育，等等。

（3）非在职培训。也称脱产培训，即有目的地选拔人员脱离工作岗位，到专门的培训部门进行培训。目的是使员工得到系统的训练，使其专业理论知识和技能得到系统的提高。

4. 员工培训的内容

（1）知识培训。知识培训是对员工认知的培训，其目的是让员工具备完成本职工作所必需的专业知识，以及了解公司的基本情况，如公司的发展战略、经营状况和规章制度等。

（2）技能培训。技能培训是对员工完成本职工作所必需的技能的培训，如业务操作技能、自我发展技能、人际关系技能、获取信息技能等。

（3）态度培训。工作态度是影响员工工作士气和绩效的重要因素，其目的是培养员工对企业的信任感、归属感和荣誉感，帮助员工树立正确的价值观以及培养团队精神。

案例链接　　　　迪士尼公司对员工的培训与选拔

自1983年以来，世界著名的迪士尼公司经过艰苦卓绝的尝试，终于在1988年使每股股票股利由1984年的0.69美元上升到3.8美元。而且，迪士尼王国的规模也不断扩大：拥有了沃尔特迪士尼制片厂、沃尔特迪士尼世界以及东京迪士尼乐园。迪士尼公司在短短的几年间取得如此大的成功，除其最高主宰者沃尔特·迪士尼慧眼定位的产品——欢乐具有特殊价值外，更重要的一点是迪士尼公司在对人力资源的培训与激励上具有独到之处。让成千上万的游客心甘情愿付出高额代价，去享受迪士尼的超值服务是该公司的宗旨，因此，精心规划、培养训练有素的员工成为公司的首要任务。

随着迪士尼公司兼并旅馆及其他休闲设施事业的发展，新员工来源更加广泛，这些人员有两种分配方向：计时员和支援专业人员。前者从事身着传统服饰扮演美国拓荒英雄以及各种卡通人物以吸引游客的工作，后者则可能成为设计师或构想新计划的理财专家等职务的管理者。

由于员工的需要不同，对其培训方式也应不同。为此，在20世纪60年代，沃尔特先生创办了迪士尼大学。该大学负责研究与分析公司员工的需要，并提出训练计划来满足这些要求。大学根据各个营业点面临的不同问题，成立了众多训练基地，针对不同的工作人员设计训练课程。例如，对“卡通人物”的要求，他们强调“这不是在做一项工作，而是在扮演一个角色”。对前往应聘的人，他们首先要求其做自我估价，找到自己合适的位置，之后，会放一段影片给应聘者看，详细介绍工作纪律、训练过程及服饰，然后才能进入面谈，最后再经过评选，被选中的人员方能由穿着全套角色服饰的教师带领进入受训阶段。迪士尼大学的教师大多由各相关单位指派的杰出卡通人物担当，这类杰出人选的主要工作与其他卡通人员一样，但每周有一部分时间要承担上课任务。

迪士尼大学的课程之一是8小时的新人指导课，目的是让新人了解公司的历史、哲学和对顾客的服务标准。这一时期是他们接受无形产品——欢乐的时候。课程之二就是让他们了解自己所要担任的角色，并学习如何扮演。训练目的是使新人更加敏锐。接下来就是老手带新手的“配对训练”，时间长短视参与的节目而定，大约是16～48小时。在这期间，新手可以向备受尊敬的优秀员工直接学习，同时培养以迪士尼为荣的理念，使他们热情地投入工作，并努力实现自我要求。在完成这一部分的学习，并熟练掌握训练单上所列的项目之后，新手才能单独接待游客。

迪士尼的干部有25%是从内部提升的，为此，公司制定了“迪士尼乐园实习办法”作为主要的人力规划手段。对新人的指导课包括密集训练和主管介绍，以了解公司的产品和历史。之后再与各部门高级主管进行访谈，以了解各部门的目标及其在组织结构中所扮演的角色，例如，如何从销售或财务的角度为游客创造欢乐。最后，是参加一个正式的训练课程，了解公司策略及节目的制作过程。这些来自各部门具有管理才能发展潜力的人，在接受6个月的在职训练（他们每天要穿上卡通人物服饰）之后，要通过期末考试才算结业，但结业并不保证晋升。受训目的不只是训练在职干部，更是训练储备干部，及早发掘人才。对初级管理者进行密集训练，一旦晋升到中级阶层，他们对公司的期望已经完全了解，并且具备了必要的专业技能，其后的训练就没有那么密集了。

迪士尼的卡通人物日复一日、年复一年，天天回答同样的问题、干同样的工作，这也是重复枯燥的，而且迪士尼将“面带微笑，服务顾客”视为宗旨，期望所有的卡通人物都遵守公司的高标准要求。因此，为使卡通人物每天都能设法翻出一些新花样，让游客在这里看米老鼠时会感受到神奇的滋味，迪士尼公司提供了各种奖励措施，包括服务优良奖、同仁表扬活动、全勤奖，以及服务期满 10 年、15 年及 20 年的特别奖励。此外，公司餐厅提供免费啤酒，以助于提高士气，公司还辅助进行各种社团活动。

另外，为更好地激励员工，公司还在各类节日期间，以各种方式感谢卡通人物及其家属。例如，在圣诞节期间，园区为其开放，干部则穿上各种角色的服装，取代卡通人物的工作，向员工庆贺，例如，在迪士尼乐园中，管理者充当售货员，贩卖汉堡包和热狗。所有活动的共同目标是：激发员工的活力、热忱、投入和荣耀，使他能在适合自己的工作岗位上实现自我要求，认同公司理念，与管理者一起，为顾客提供更好的服务。

问题思考：请结合员工的招聘与选拔的相关知识，分析迪士尼的人力资源管理的成功之处。

第四节　绩效考核与薪酬管理

一、绩效考核

1. 绩效考核的含义

绩效是指员工经过考评并被企业认可的工作行为、表现及结果。对组织而言，绩效就是任务在数量、质量和效率等方面完成的情况；而对员工个人而言，绩效则是上级和同事对自己工作状况的评价。

绩效考核是指企业在既定的战略目标下，运用特定的标准和指标，对员工过去的工作行为及取得的工作业绩进行评估，并运用评估的结果对员工将来的工作行为和工作业绩产生正面引导的过程和方法。

绩效考核是人力资源管理系统的重要组成部分，绩效考评可以影响和改善员工的工作态度、工作行为和工作结果，可为企业提供员工的个人资料，作为人力资源规划和其他人力资源管理作业的依据，也能帮助推动企业经营目标的实现。

2. 绩效考核的作用

(1) 达成目标。绩效考核本质上是一种过程管理，而不是仅仅对结果的考核。它是将中长期的目标分解成年度、季度、月度指标，不断督促员工实现、完成的过程，有效的绩效考核能帮助企业达成目标。

(2) 挖掘问题。绩效考核是一个不断制订、执行、改正计划的循环过程，体现在整个绩效管理环节，包括绩效目标设定、绩效要求达成、绩效实施修正、绩效面谈、绩效改进、再制定目标的循环，这也是一个不断地发现问题、改进问题的过程。

(3) 分配利益。利益不挂钩的考核是没有意义的，员工的工资一般分为两个部分：

固定工资和绩效工资。绩效工资的分配与员工的绩效考核得分息息相关，所以一说起考核，员工的第一反应往往是绩效工资的发放。

（4）促进成长。绩效考核的最终目的并不是单纯地进行利益分配，而是促进企业与员工的共同成长。通过考核发现问题、改进问题，找到差距进行提升，最后达到双赢。

3. 绩效考评的一般流程

一般来说，绩效考评应包括制订考评计划、确定考评方法、收集考评信息、进行绩效评价、反馈考评结果、运用考评结果6个环节，如图6—2所示。

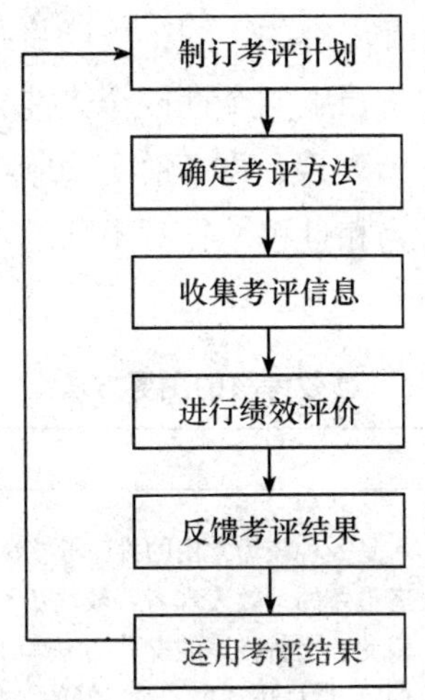

图6—2　员工绩效考评的一般流程

（1）制订考评计划。绩效考评应该按照计划进行，首先应该确定绩效考评的目的、作用和评估对象，再根据评估目的、对象选择评估的内容、标准、时间和方法以及由谁来评估等。

（2）确定考评方法。在实施评估之前应先做好技术准备，包括拟定、审核评估标准，设计评估所用表格，设计选择评估方法及工具，对评估者进行培训等。

（3）收集考评信息。负责考评的人员需要通过多途径、多方法去收集真实有效的信息，为绩效分析提供有价值的依据。

（4）进行绩效评价。对收集来的信息资料进行分析评价，对被评估者做出一个公正的、综合性的评价，给出一个与评估标准相对应的评估结果。

（5）反馈考评结果。评估结果出来以后，及时将结果反馈给员工，使其能更清楚地了解自己的工作情况。

（6）运用考评结果。将结果运用到人力资源管理活动中去，以使人力资源管理活动有据可考。

案例链接　　**汇仁集团季度考核计划**

考核的内容涉及：工作质量、工作数量、工作效率、独立性、成本效益原则性、精神面貌、归属感、学习能力、创新精神和沟通能力等方面。参加考核的人员包括总直属的正式管理人员。各分公司、外设厂和事业部的管理人员和技术人员由其自行考核。年度考核的答卷分为三部分：第一部分由员工自行填写；第二部分由员工的直属上司填写；第三部分由员工的直属上司与员工面谈沟通后填写。季度考核结果分为出色、优良、普通和差等。对出色和优良等级的员工，公司将在季评结果公布的当月分别奖励其当月工资总额的10%、5%，对普通等级的员工不作奖惩，对差等级的员工，将扣发其当月工资总额的5%，连续两次获差等级者将予以解聘。

4. 绩效考核的主要方法

根据绩效考评时所选择的考评内容的不同，可以将绩效考评分为三种基本类型：一是人品基础型考评，主要用于评价员工的个性或个人能力、特征等；二是行为基础型考评，主要评价员工在工作中的行为表现，即工作是如何完成的；三是效果基础型考评，主要考评产出和贡献，不关心行为和过程。针对不同的考评内容，企业通常采用不同的考核方法，详见表6—4。

表6—4　　绩效考核的主要方法

考核类型	考核方式	说明
综合评价法	交替排序法	是一种较为常用的排序考核法。其原理是：在群体中挑选出最好的或者最差的绩效表现者，较之于对其绩效进行绝对考核要简单易行得多。因此，交替排序的操作方法就是分别挑选、排列“最好的”与“最差的”，然后挑选出“第二好的”与“第二差的”，这样依次进行，直到将所有的被考核人员排列完全为止，从而以优劣排序作为绩效考核的结果。交替排序在操作时也可以使用绩效排序表
	配对比较法	是一种更为细致的通过排序来考核绩效水平的方法，它的特点是每一个考核要素都要进行人员间的两两比较和排序，使得在每一个考核要素下，每一个人都和其他所有人进行了比较，所有被考核者在每一个要素下都获得了充分的排序
	强制分布法	是在考核进行之前就设定好绩效水平的分布比例，然后将员工的考核结果安排到分布结构里去
行为评定法	关键事件法	是一种通过员工的关键行为和行为结果来对其绩效水平进行绩效考核的方法，一般由主管人员将其下属员工在工作中表现出来的非常优秀的行为事件或者非常糟糕的行为事件记录下来，然后在考核时点上（每季度，或者每半年）与该员工进行一次面谈，根据记录共同讨论来对其绩效水平做出考核
	行为锚定等级法	是基于对被考核者的工作行为进行观察、考核，从而评定绩效水平的方法
	评语法	在进行考核时，以文字叙述的方式说明事实，包括以往工作取得了哪些明显的成果，工作上存在的不足和缺陷是什么

续表

考核类型	考核方式	说明
产出评定法	目标管理法	目标管理法是现代更多采用的方法，管理者通常很强调利润、销售额和成本这些能带来成果的结果指标。在目标管理法下，每个员工都确定有若干具体的指标，这些指标是其工作成功开展的关键目标，它们的完成情况可以作为评价员工的依据
	直接指数法	直接采用客观、实际的标准予以考核，而不是主观的、个人的标准。例如，生产率、矿工记录、营业额等

二、薪酬管理

薪酬管理是企业为实现其目标，由人力资源部负责、其他职能部门参与的、涉及薪酬系统的一切管理工作，也是制定出吸引人才、留住人才、鼓舞士气的薪酬体系的过程，它是保证企业生产经营正常运行的必要条件。

1. 薪酬的基本结构

薪酬是员工得到的各种货币收入、服务以及福利之和。广义的薪酬是指员工在企业中获得的全部报酬或奖励，包括经济性和非经济性（如工作满意度、精神奖励、培训和晋升等）；狭义的薪酬是指员工获得的物质报酬，有货币和非货币两种形式。

薪酬的基本结构包括以下几个方面。

（1）基本工资。基本工资是企业雇员劳动收入的主体部分，也是确定其劳动报酬和福利待遇的基础。其具有常规性、固定性、基准性、综合性等特点。基本工资又分为基础工资、工龄工资、职位工资、技能工资等。在我国按劳动法规定，基本工资在每个地区都会有它的最低标准。

（2）加班费。加班费是指员工超出正常工作时间之外所付出劳动的报酬。劳动法有明文规定，用人单位安排劳动者加班或者延长工作时间，应当按照一定标准支付劳动者加班或者延长工作时间的工资报酬。

（3）福利。员工福利是一种以非现金形式支付给员工的报酬。员工福利从构成上来说可分成二类：法定福利和公司福利。法定福利是国家或地方政府为保障员工利益而强制各类组织执行的报酬部分，如社会保险；公司福利是建立在企业自愿基础之上的。员工福利的内容包括：补充养老、医疗、住房、寿险、意外险、财产险、带薪休假、免费午餐、班车、员工文娱活动、休闲旅游等。

（4）学习成长机会。学习成长机会是指企业结合自身的企业目标，有计划、有目的地对员工进行专业知识、业务技能或管理技能的培训，创造环境让员工学习并提高专业知识技能或管理技能。

2. 薪酬制度

薪酬制度是企业根据劳动的复杂、精确、繁重的程度，能力要求的高低，劳动环境的好坏等因素，将各岗位划分等级，确定薪酬标准的一种制度。不同的行业、不同的企业、不同的岗位，很难制定统一的薪酬标准，就目前来看，最常见的薪酬制度有技术等级薪酬制、职务等级薪酬制、结构薪酬制、提成薪酬制和保密薪酬制等。

（1）技术等级薪酬制。技术等级薪酬制是按照员工所达到的技术等级标准确定薪酬等级，并按照确定的等级薪酬标准计付劳动报酬的一种制度。这种薪酬制度适用于技术复杂程度比较高、员工劳动差别较大、分工较粗的工种。其特点是，主要以劳动质量来区分劳动差别，进而以此规定薪酬差别。技术等级薪酬制一般由薪酬等级表、技术等级标准和薪酬标准三方面内容组成。

（2）职务等级薪酬制。职务等级薪酬制是政府机关、企事业单位的行政人员和技术人员所实行的按职务等级规定薪酬的制度。这种制度是根据各种职务的重要性、性质、责任大小、技术复杂程度、工作环境等因素，按照职务高低规定统一的薪酬标准。其特点是只对事，不对人。

（3）结构薪酬制。结构薪酬制又称为分解薪酬制、组合薪酬制或多元化薪酬制，它根据劳动的多种形式和薪酬的多种职能将薪酬分解为若干个既相互联系又相互独立的部分，通过对各部分薪酬数额的合理确定，构成员工的全部报酬。

（4）提成薪酬制。提成薪酬制是企业实际销售收入减去成本开支和应缴纳的各种税费以后，剩余部分在企业和员工之间按不同的比例分成的制度。它有创值提成、除本分成、保本开支、见利分成等形式。这种制度适用于激励销售情况。

（5）保密薪酬制。保密薪酬制是一种灵活反映企业经营状况和劳务市场供求状况，并对员工的薪酬收入实行保密的一种薪酬制度。其主要内容如下：

1）员工的薪酬额由企业与员工当面协商确定，其薪酬额的高低取决于劳务市场的供求状况和企业经营状况。

2）当某一工种或人员紧缺或企业的经营状况较好时，薪酬额就上升，反之则下降。

3）企业对生产需要的专业技术水平高的员工愿意支付较高的报酬。如果企业不需要该等级的专业技术员工，就可能降级使用或支付较低的报酬。如果员工对所得的薪酬不满，可以与企业协商调整。如果双方都同意，则可以履行新的薪酬额。

4）员工可以因薪酬额不符合本人要求而另谋职业，企业也可以因无法满足员工的愿望而另行录用其他员工。

5）企业和员工都必须对薪酬收入严格保密，不得向他人泄露。

3. 企业工资制度设计

企业工资制度的设计是薪酬管理的核心内容，也是一项涉及面广、工作量大的综合性工作。合理的工资制度的确立，将为奖酬管理工作的开展打下良好的基础。

（1）确定企业工资制度应考虑的因素。要使工资制度满足公平合理和富有激励性的要求，设计工资制度就必须综合考虑各方面因素对工资制度的影响，这些因素可分为内在因素和外在因素两个方面，具体见表6—5。

表 6—5　　确定企业工资制度应考虑的因素

因素类型	内容	说明
外在因素	一个国家或地区的总体生活水平、物价水平和工资水平	企业的工资制度应能综合反映上述内容对企业工资水平的影响，以保证员工的基本生活水平和对生活的期望水平不低于社会的平均水平
	劳动力市场的供需状况	市场经济条件下，劳动力作为商品，其价值必然要与市场的供求关系发生联系。劳动力的供过于求，会制约企业工资水平的增长，而对于紧缺人才，企业则将以高薪作为竞争的手段。企业应根据市场供求状况和自身对人才的需要，确定适宜的工资政策
	企业所在行业的特点	不同的企业因其所在行业发展水平及其条件的不同，在奖酬水平上会存在差异。如第一、二、三产业企业之间的差异，传统产业与新兴产业企业之间的差异，劳动密集型企业与高新技术企业之间的差异，国有企业与其他经济成分企业之间的差异等
	国家的有关法规和政策	国家从合理控制和调节分配的角度制定的法规和政策，对企业的奖酬管理有着一定的制约作用。如国家对国有企业工资总额的有关政策对工资总额增长与劳动生产率提高之间的关系有着明确的规定，有关的劳动法规对企业用工制度的约束，有关的税收法规对企业奖酬制度的制约等
内在因素	职务的权力和责任	企业中的每一个岗位都有其相应的职责，并辅之以相应的权力。不同岗位职责和权力的大小不同，对企业生产经营活动影响的重要程度也不同。企业的工资制度要与岗位权责的大小直接挂钩，要给予负担责任重的人以较高的薪酬
	职工的技能水平	企业中的管理人员、技术人员和工人的技能水平及其发挥程度，对劳动生产率的高低有着重要的影响。并在一定程度上反映了不同水平的人员在时间、体能和智能上的不同付出。因此，工资应与员工的技能相联系，以激励员工不断地提高自身的技能水平
	岗位工作条件	不同岗位的工作环境及其劳动强度等条件都会有不同的特点，其对员工的胆识、体力和耐力会有不同的要求，工资应与之挂钩。对于工作条件复杂的岗位应辅之以较高的工资水平，以补偿他们的付出
	企业奖酬的整体水平	企业的奖酬包括工资、奖励和福利，工资水平的确立要考虑三者之间适当的比例关系。若企业的福利水平较低，则应适当提高工资水平
	企业的经营状况与财政实力	企业的实力影响着企业对员工的薪酬水平负担的能力。一般说来，资本雄厚的大企业和盈利丰厚而正处于发展上升的企业，可为员工提供较高的工资水平，而规模较小或处于不景气中的企业，则很难提高工资水平

(2) 确定工资制度的工作程序。确定企业的工资制度是人力资源管理工作中的一项重要决策，要保证决策的质量，就必须严格按照科学的工作程序办事。其一般的工作环节主要有以下几方面。

1）对企业外部相关因素的调查与分析。企业在制定自己的工资制度前，应广泛收集与之相关的各种资料信息，以便为制定本企业工资政策及工资方案提供参考。应调查和分析的外部信息主要应该有：国家的相关政策和法规；行业内企业的一般工资制度和平均工资水平；同行业中与本企业属于同一类型且生产经营条件相当的企业的工资政策和工资水平；与本企业在人才上具有直接竞争关系的企业的工资状况；各种企业对具有相同工作性质的岗位的一般工资水平等。

2）确定企业的工资政策。工资政策是企业对于工资管理工作所做的原则性的规定，对于具体工作具有指导性的作用。工资政策一般应明确如下内容：本企业基本工资制度的形式；本企业工资水平与本地区、本行业企业工资水平的关系，如工资水平是居全行业最高，还是位居中游或者保持低姿态；企业奖酬的总体水平以及在奖酬的形式上，工资、奖励与福利三者之间的比例关系；企业内部的奖酬分配关系，如在分配上是适当平均化，还是拉大收入差距，增大激励力度；企业各级组织在奖酬分配上应掌握的权限等。

3）职务或岗位分析。它是指对企业组织结构系统所规定的各种职务或岗位进行的分析，以便为工资结构和工资标准的确定提供依据。分析的内容主要有：职务的特征和主要工作范围；职务的主要职责、工作要求及工作的重要程度；工作的环境及条件对任职资格的要求，如对任职人员知识、经验、技能，以及年龄、性别、身体状况、受教育水平的要求等。职务或岗位的分析方法有多种，较常用的方法为计点评分法。即先制定一套对各评价因素进行评分的标准尺度，每个评价因素确定若干个评价等级及计分标准，然后对各因素逐一进行评级，并给予相应分数，最后将各因素的得分累计相加，获得该职务的总评分数。该分数将作为确定工资等级的依据。

4）确定工资结构。工资结构主要是指工资的等级划分及其相互之间的比例关系。工资结构是工资制度的基本框架，主要内容反映了企业内各种职务或岗位的相对价值及其应付工资之间的关系。确定工资结构应包括以下工作：首先，要确定企业的总体工资幅度，即最高工资与最低工资的范围；其次，要确定工资的等级划分，这里面既包括根据职务分类确定企业总体工资等级的划分数目，也包括确定同一职务范围内工资的等级数目；最后，要确定各工资等级之间的差异比率，明确各工资等级之间的工资幅度的大小。

5）确定工资标准。即将经过职务分析后确定的职务分类与工资结构中的工资等级划分相联系，确定每一特定职务或岗位的具体工资标准，工资标准的确定应建立在对企业内外环境因素综合分析的基础之上。

6）确定工资制度实施的技术组织措施。工资制度的正确实施，有赖于广大职工的理解和支持，有赖于有效的组织控制和管理。

4. 特殊群体的薪酬管理

（1）试用期员工（新员工）的起薪标准。一般来讲，确定起薪的标准取决于以下几个因素：首先是员工的生活费用；其次是同地区、同行业的市场行情；另外，新员工的实际工作能力也非常重要，在满足前两个条件的基础上，应该尽量与公司同等能力的老员工持平，考虑到工作年限的差异，可以比老员工低一些。

(2) 销售人员的薪酬管理。销售队伍是公司获取利润的直接工作者，然而这支队伍流动性最大，如何稳定优秀的销售人才，建立一个行之有效的薪酬制度是非常必要的。

1) 销售新手，实行“瓜分制”的薪酬制度。即将全体新进销售人员视为一个整体，确定其收入之和，每个员工的收入则按贡献大小占总贡献的比例计算。

2) 混合型薪酬。大多数的企业对其销售人员采取“底薪+提成+奖金”的混合薪酬制，如每月1 200～1 500元基本工资，销售额提成在5%以内（常见的有2%、4%）。

3) 个性薪酬制。对于销售高手来说，多数根据其具体情况制定个性化薪酬。对于销售经理一般采用年薪制。

我国企业销售人员现行的薪酬形式一般是基本工资加提成。但怎样对工资和提成进行恰当的比例组合，是高工资低提成，还是高提成低工资，则要视具体情况而定。由于销售人员薪酬管理的复杂性，因此，在实际工作中，对于销售人员的薪酬确定常常是由销售部门去解决，而不是人力资源部门来管理。

(3) 专业技术人员的薪酬管理。在对技术人员设计薪酬时，建议采用“基本工资+技能工资”的结构。基本工资可以学历为标准，且每年有浮动。按照技能等级的不同设定不同的技能等级工资标准，且能进行薪酬调整。

(4) 管理人员的薪酬管理。公司一般把高层管理者的工资增长与整个公司的业绩联系在一起；对于中层管理者，公司希望把整个公司的业绩和市场占有率及内部因素综合在一起来考虑薪酬因素；对于基层管理者，薪酬通常依据市场占有率、内部工资关系和个人业绩来确定。

管理者的薪酬通常由5种基本元素构成：基本薪酬、短期奖励或奖金、长期奖励和资本增值计划、行政福利、津贴。管理者薪酬方案的设计有时还取决于不断变化的税务立法。

案例链接　　　　**乐百氏薪资管理制度**

1. 薪资分类

公司管理人员月薪资总额包括三部分：月基本工资、浮动工资和津贴，其中，月基本工资占工资总额的40%。公司视经营业绩、员工表现，依据有关制度及政策提供奖金。

2. 薪资评定

(1) 薪资点设立。公司管理人员根据职务、岗位的不同划分为20个职等，每一职等设10级，职等与职级结合即形成薪资点，共设200个薪资点，薪资点最高为11 019，最低为100。各职级所对应的薪资等级范围：总裁为1 301～2 010，部门总经理为1 201～1 910，副总经理为1 101～1 710，总监为1 001～1 610，经理为901～1 410，副经理为

801～1 210，科员为 301～1 010。

(2) 薪资点分配。薪资点的分配由薪酬审定小组决定。其分配原则是：新进入公司的员工，原则上要经过试用，试用期满后进行定级，薪资点原则上每年审核一次。

3. 转正薪资评定

试用期满后，按工作岗位、学历、职称、工龄和工作表现、水平、责任心、实绩确定其薪资点。非大、中专院校毕业的员工经考核获得国家有关部门颁发的各种技术上岗证书（会计、电工、锅炉、电梯、叉车、电焊工）、职称证书等可视同等学力确定薪资点。

4. 调整薪资评定

上司对其下属的薪资点随时有提议降级和升级的权力。调整幅度为：副经理级或经理级：直接降 2 级或提议升 2 级；总监：直接降 4 级或提议升 4 级；副总经理或以上：直接降 6 级或提议升 6 级。

思考与练习

一、名词解释

1. 人力资源
2. 人力资源管理
3. 人力资源规划
4. 职务分析
5. 绩效考核

二、简答题

1. 简述人力资源管理的主要内容。
2. 人力资源规划的工作程序包括哪几部分？
3. 简述职务分析常用的方法及其优缺点。
4. 简述招聘员工的主要方法。
5. 影响薪酬的主要因素包括哪几部分？

三、案例分析

宝洁公司的校园招聘

宝洁公司完善的选拔制度得到商界人士的推崇，尤其值得称道的是宝洁的校园招聘。曾经有一位宝洁的员工这样形容宝洁的校园招聘：“宝洁的招聘实在做得太好了，在‘求职’这个对学生比较困难的关口，我感觉自己受到了应有的尊重和重视，就是在这种感觉的驱使下，应该说我是有些怀着理想主义来到了宝洁。”

1. 校园招聘

(1) 前期的广告宣传。派送招聘手册，招聘手册基本覆盖所有的应届毕业生，以达到吸引应届毕业生参加其校园招聘会的目的。

(2) 邀请大学生参加其校园招聘会。宝洁的校园招聘会程序一般如下：领导讲话；播放招聘专题片；宝洁公司招聘负责人回答学生问题；发放宝洁招聘会介绍材料。宝洁公司会派公司有关部门的高级经理以及那些具有校友身份的公司员工来参加校园招聘会。通过双方面对面的直接沟通和介绍，向学生们展示企业的业务发展情况及其独特的企业文化、良好的薪酬福利待遇，并为应聘者勾画出新员工的职业发展前景。通过播放公司招聘专题片、公司管理方面的有关介绍及具有感召力的校友讲述亲身感受，使应聘学生在短时间内对宝洁公司有较为深入的了解和更大的信心。

(3) 网上申请。从2002年开始，毕业生通过访问宝洁中国网站，点击“网上申请”来填写自传式申请表及回答相关问题。

(4) 笔试。笔试主要包括三部分：解难能力测试、英文测试和专业技能测试。能力测试是宝洁对人才素质考察的最基本的一关。英文测试主要用于考核申请者的英文能力。专业技能测试并不是每个申请者都必须填写的，它主要用于申请公司测试和评价一些有专业限制的部门，比如研究开发部、信息技术部和财务部等部门。

(5) 面试。宝洁的面试分两轮。第一轮为初试，一名面试经理面试一名求职者，都用中文进行。面试者通常是有一定经验并受过专门面试技能培训的公司部门经理。第二轮面试的考官至少为三人，且都是由各部门高层经理亲自面试。

2. 校园招聘的后续工作

校园招聘结束后，其后续工作还包括以下几方面。

(1) 招聘后期的沟通。对于决定录用的毕业生，宝洁人力资源部会专门派人力资源部的一名员工跟踪服务，定期与被录用者保持沟通和联系，把他当成自己的同事关怀照顾。

(2) 招聘效果考核。招聘结束后，公司会对整个招聘过程进行一些量化的考核评估，考核的主要指标包括：是否按要求招聘一定数量的优秀人才；招聘时间是否及时或被录用者是否准时上岗；被录用者素质是否符合标准；因招聘录用新员工而支付的费用，即每位新员工人均招聘费用是否在原计划之内等。

问题：你认为宝洁公司招聘过程中，最吸引你或你最认可的是哪一部分？为什么？

第七章 企业战略管理

随着经济全球化的快速发展，战略越来越受到企业管理者的重视。了解战略的特征，掌握战略的类型和使用方法，对于企业能在激烈的市场竞争中不断发展和进步有着重要的作用。本章首先介绍企业战略的含义和特征，在此基础上，阐述了总体战略的类型及其选择方法，竞争战略的类型及其选择方法。

学习目标

- 了解战略的含义及其特征
- 掌握总体战略的类型
- 掌握总体战略的使用条件、选择方法
- 掌握竞争战略的类型
- 掌握竞争战略的使用条件、选择方法

第一节　企业战略概述

在企业管理中，战略是指在市场经济的条件下，企业为了实现长期的生存和发展，在综合分析内部条件和外部环境的基础上，做出的一系列全局性和长远性的谋划和方略。

一、战略的特征

1. 全局性

全局性是指战略的控制对象。经营战略管理是以企业的全局为对象来确定企业发展的远景和总体目标，规定企业的总体行动和总体效益。而生产管理、人力资源管理、市场营销管理主要解决的是企业某个局部或某个层次的问题。

2. 长远性

长远性是指战略的时间跨度。战略着眼于组织的未来，是为了谋求组织的长远发展和长远利益，而不是眼前的得失。要求决策者必须具有高瞻远瞩的眼光。

3. 纲领性

纲领性是指战略的作用。战略确定的是组织的战略目标和发展方向，是一种概括性和指导性的规定。它不纠缠于细枝末节，而是解决组织发展的主要矛盾，要把它变成现实，需要经过一系列的分析和具体化的管理过程。

4. 竞争性

竞争性是指战略的性质。组织制定战略的主要目的是在激烈的竞争中获得竞争优势，战胜竞争对手。这有别于组织在现状的基础上做出的计划和规划。

名人名言

为了使人们能为实现目标而有效地工作，战略制定者要在所取信息的广度和深度之间做出某种权衡。他就像一只在捉兔子的鹰，鹰必须飞得足够高，才能以广阔的视野发现猎物，同时它又必须飞得足够低，以便看清细节，瞄准目标和进行攻击。不断地进行这种权衡正是战略制定者的任务，一种不可由他人代理的任务。

——弗雷德里克·格卢克

5. 风险性

风险性是指战略的性质。战略着眼于未来，而未来充满不确定性，因此，战略具有一定的风险性。

6. 观念性

观念性是指战略的导向。战略需要正确的观念做指导，体现人们对客观世界的认识方式。有的组织追求开拓创新，而有的组织注重稳定发展，这体现了决策者不同的战略思想。

以上六个方面构成了战略的基本特征，只有具备了这六个方面的特征，一个战略才称得上是完善的战略，只有理解了这六个方面，才能准确把握战略的内涵。

二、战略的构成要素

战略的构成要素包括公司远景、目标、资源、业务、组织等几大要素，其基本关系如图 7—1 所示。

1. 公司远景

公司远景是指组织在社会进步和经济发展中所承担的角色和责任。能够清楚地表述公司的战略远景，并在相当长的时间里致力于实现这一远景是组织具有战略的最佳表现。对企业来讲，公司远景统帅全局，体现了企业的雄心勃勃的志向，一般情况下，这个志向比较遥远。

例如，20 世纪 20 年代，福特公司提出要每一户家庭拥有一辆小汽车；90 年代，比尔·盖茨提出使每张桌子都有一台电脑，并使用微软的软件；我国海尔集团向员工提出

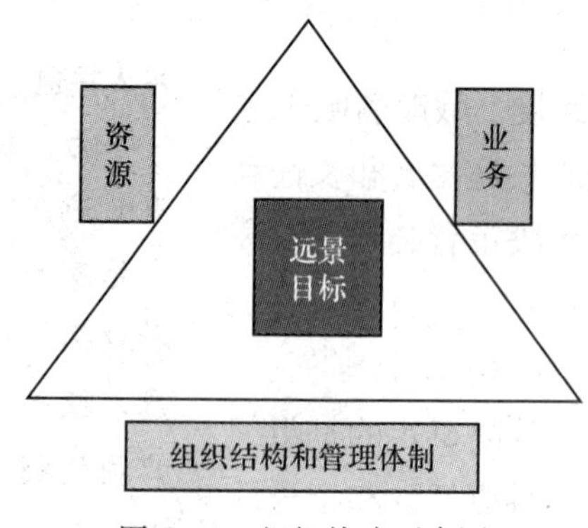

图 7—1　组织战略要素图

致力于培育国家化的品牌等。强有力的公司远景能够激发员工的事业心和责任感，激励员工为实现这个远景不断努力。

2. 目标

在公司的远景确定以后，必须制定一套有效的中、短期目标，作为组织通向远景道路上的一个个里程碑。目标一般包括短期、中期、长期目标，由于短期目标近在眼前，更能有效地激励员工。目标可以是多元化的，企业的目标一般包括：利润目标、发展目标、竞争目标、职工福利目标、社会责任目标等。

3. 资源

资源是组织战略的关键要素，决定组织能做什么。资源也是一个组织区别于其他组织的主要标志，是战略的本质，是组织保持持续竞争优势的源泉。组织的资源一般分为两大类，一是有形资源，主要包括现金、房地产、设备和原材料等；二是无形资源，主要包括品牌、技术专长、人力资本、公司文化和组织能力等。

4. 业务

业务是指组织参与竞争的领域，作为一个企业进入某个产业，必须考虑该产业的吸引力。决定企业是否进入某个产业的重要法则是：企业是否拥有该产业中产生竞争优势的资源，尤其是那些专属性的资源，如技术专长、管理经验、专门人才、营销网络等。

5. 组织

组织指的是组织结构和管理体制等要素，他们共同形成组织的行政关系，维系组织各单元之间的一致性。组织结构描述的是组织内部分配权力的框架，具体内容已经在本书第一章做了具体的描述。管理体制是指控制组织内部各业务部门行为的正式制度、政策和程序。

三、战略的层次

战略层次包括总体战略、竞争战略和职能战略三部分，其相互关系如图 7—2 所示。

1. 总体战略

总体战略是战略的第一层次，即企业的公司层战略。主要解决的问题是：根据组织

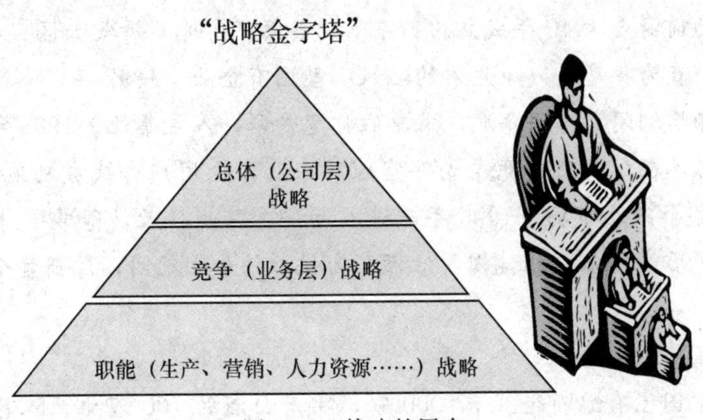

图 7—2 战略的层次

的内部资源条件和外部环境，确定组织的经营范围；根据组织的业务组合，确定每种业务在组织中的地位，并以此为据确定各业务之间的资源分配。

2. 竞争战略

竞争战略是战略的第二层次，即业务层战略。主要解决的问题是在选定的每一个业务领域如何开展竞争，以获得超过对手的竞争优势。对于单一经营的中小型组织，总体战略和竞争战略是一致的；对于拥有多个业务、多元化经营的组织，每一个业务部门具有自己的战略。

3. 职能战略

职能战略是战略的第三层次，是公司层战略和业务层战略的具体实施。企业职能战略包括市场营销战略、研究与开发战略、生产战略、财务战略等，要与公司层战略和业务层战略保持一致。

三个层次的战略构成战略的金字塔，职能战略是在公司层战略和业务层战略的指导下，对各项具体工作的谋划和制定；公司层战略和业务层战略通过职能战略的实施得以实现。如果说公司层战略和业务层战略是“做正确的事”，那么，职能战略则是“将事做好”。

案例链接 **秦池的倒塌**

秦池的成败得失已成为舆论界和营销界的一种时尚。以大手笔的广告投入为特征的秦池模式，在经历了短暂的辉煌后迅速被市场套牢，随后进入动荡的盘整期，进而在市场经济的大海中了无声息。想当初，首夺标王的壮举，曾使名不见经传的秦池酒厂声名鹊起，而二夺标王却将秦池陷入“身死人手，为天下笑”的尴尬境地。秦池模式毫无疑问存在着许多问题，但这些问题并不仅仅属于秦池。中国改革开放 30 多年来，许多市场现象与明星企业的浮沉表明，秦池的问题在成千上万或大或小的企业中也不同程度地存在着。温故可知新，对于同样处于顺境或逆境中的中小企业来说，通过秦池模式的成败来反省自身的经营战略尤为重要。

1. 秦池集团简史

秦池酒厂的前身是1940年成立的山东临朐县酒厂，地处沂蒙山区。在20世纪80年代，秦池酒厂一直为年产量万吨左右的县级小型国有企业。1992年，秦池酒厂亏损额已达几百万元，濒临倒闭。当年年底，王卓胜临危受命，入主秦池。1993年，秦池酒厂采取避实击虚战略，在白酒品牌竞争尚存空隙的东北，运用广告战成功地打开沈阳市场。1994年，进入整个东北市场。1995年，进入西安、兰州、长沙等重点市场，销售额连续3年翻番。1995年年底，组建以秦池酒厂为核心的秦池集团，注册资金1.4亿元，员工5 600多人。

2. 首夺标王

1995年，中国已有酿酒企业37 000家，年产白酒约700万吨。随着买方市场的形成，白酒行业一场空前惨烈的品牌大战即将来临，结果必将是形成名酒大厂垄断的格局。在与历史悠久、品牌牢固的大型酿酒企业的竞争中，实力弱小的秦池酒厂很可能被市场吞噬。为了生存和发展，秦池必须在大战来临前找到一条能使品牌知名度迅速提高、企业规模迅速扩大的途径。在反复权衡之后，秦池人选择了一条令人望而生畏却充满希望的险道：争夺1996年CCTV广告标王。

根据测算，1996年标王的额度在6 500万元左右，相当于秦池集团1995年全部利税的两倍。这意味着秦池如果达不到预期目的，将遭受灭顶之灾。1995年11月8日，秦池以6 666万元的天价击败众多竞争对手，以黑马的惊人之举夺取标王。勇夺标王，是秦池迈出的决定性一步。这一步，给秦池带来难以估量的影响：夺标，使秦池的产品知名度、企业知名度大大增强；使秦池在白酒如林的中国战场上一夜之间鹤立鸡群；进而，在原有市场基础之上，秦池迅速形成了全国市场的宏观格局。大风险为秦池带来大发展，秦池人形象地将广告支出与销售收入比喻为："每天开出一辆桑塔纳，赚回一辆奥迪"。1996年，秦池销售额增长500%，利税增长600%。秦池从一个默默无闻的小酒厂一跃成为全国闻名的大企业，见表7—1。

表7—1　　秦池酒厂销售额及利税变化（1995—1998年）　　单位：千万元

年份	销售额	利税
1995	18	3
1996	95	22
1997	65	16
1998（1—4月）	—5（同期）	—

目前，营销界有一种观点，即批判秦池所走的是数量营销，而非质量营销之路，将秦池的高强度广告策略比作空有激情却缺乏科学性的"农民起义"。这种理论未免太过理想主义。

秦池作为一个小酒厂，面临的首要问题是如何在激烈的竞争中生存。知名度、技术本不如老牌名酒，如果再把有限的资金用于技术改造、结构调整，那么秦池连生存也无法保证。目前，有数千家采用传统"固态发酵"工艺的小酒厂正在破产的边缘苦苦挣扎，这正是它们没有有效地解决基本生存与企业发展的整合问题的关键所在。白酒是一种最终消费品，它的使用效果在很大程度上取决于消费者的心理感受，因而无法明确界定。白酒经常在公关场合消费，酒的名气越大，公关效果越好。因此，通过广告来提高白酒的知名度不仅是必要的，而且是科学的。

3. 二夺标王

在经历了1996年的辉煌之后，秦池人面临着两种选择：一是继续争夺标王。据测算，1997年的CCTV标王额为3亿元左右。这意味着秦池将又一次置身于更大的风险中。二是将精力主要用于调整产品结构，进行技术改造。但由于秦池是靠广告在群众心中打出的品牌，如果不以连续不断的广告来支持，一段时间后，消费者心目中的品牌形象就会为竞争对手所取代。

首夺标王带来的巨大的品牌效应与经济效益，使秦池人放松了对经营风险的防范心理，出于对市场形势过于乐观的估计以及对不夺标王会引起市场萎缩的担心，秦池人终于决定二度争夺标王。王卓胜带领着秦池人走上了一条不成功便成仁的不归路。1996年11月8日，秦池集团以3.2亿元的天价卫冕标王。秦池人将此举解释为："秦池每天给中央电视台送去一辆奔驰，秦池则每天往企业里开进一辆加长林肯"。但很快秦池人就发现，奔驰开出去了，但林肯却没有开进来，甚至连奥迪也不常开进了。

二夺标王后，舆论界对秦池更多的是质疑：秦池准备如何消化巨额广告成本？秦池到底有多大的生产能力？广告费会不会转嫁到消费者身上？敢上九天揽月的秦池显然轻视了新闻媒体的作用，而这恰恰是秦池兵败九七的主要原因之一。为了消化3.2亿元的广告开支，秦池1997年至少要实现15亿元的销售收入，这大约需要生产6.5万吨秦池酒，而这些酒需要4万多吨原酒来勾兑。但秦池每年的固态发酵生产能力仅为3 000吨。因此，秦池采取了大量收购四川散酒，再加上本厂的原酒、酒精进行勾兑的做法。和传统的固态发酵相比，勾兑法是一种较为先进的工艺，它不仅不影响酒的质量，而且具有出酒快、产量大、粮耗低、产品工艺指标易于控制等优点。早在20世纪80年代，为了解决白酒生产耗粮过大的问题，白酒行业就已经开始推广"液体发酵"，即用少量经传统酿造法酿制的"固态酒"加入食用酒精勾兑。几个著名的鲁酒品牌，如孔府家酒、孔府宴等，也都普遍采用了勾兑的工艺。但遗憾的是，秦池人到今天都没有向消费者解释清楚什么是勾兑！以至于报端时常有"秦池把别人的酒拉回家包装包装就往外卖"等对秦池不利的文字。

1997年年初，某报编发了一组三篇报道，披露了秦池的实际生产能力以及收购川酒进行勾兑的事实。这组报道被广为转载，引起了舆论界与消费者的极大关注。由于秦池没有及时采取公关措施，过分依赖于广告效应，因此，在新闻媒体的一片批评声中，消费者迅速表示出对秦池的不信任。秦池的市场形势开始全面恶化。1997年，尽管秦池的广告仍旧铺天盖地，但销售收入比上年锐减了3亿元，实现利税下降了6 000万元。1998年1月至4月，秦池酒厂的销售收入比去年同期减少了5 000万元。1996年年底和

1997 年年初，加大马力生产的白酒积压了 200 车皮。1997 年，全年只卖出一半，全厂 20 多条生产线只开了 4.5 条，全年亏损已成定局，见表 7—2。

曾经辉煌一时的秦池模式成为转瞬即逝的泡沫。

表 7—2　　秦池两夺标王的经济效益比较　　单位：千万元

时点	投入广告费	销售收入	利税
首夺标王	6.66	95	22
二夺标王	32	65	16

第二节　总体战略类型及其选择

公司层战略也叫总体战略，是组织战略的第一层次。回答的问题是公司应该建立什么样的业务组合，不同业务在公司中处于什么位置。总体战略主要有三种：稳定型战略、发展型战略、收缩型战略。

一、稳定型战略

所谓稳定型战略，是指受经营环境和内部资源条件的限制，企业在战略期内所期望达到的经营状态基本保持在战略起点水平上的战略。

1. 稳定型战略的特征

(1) 继续提供相同的产品和服务来满足顾客的需要。

(2) 保持现有的市场占有率和规模，稳定和巩固现有的市场地位。

(3) 继续保持过去的经济效益水平，追求稳定的经济效益目标和其他目标。

(4) 战略期内，每年取得大体相同的增长率，稳步增长。

维持战略并不是不作为，而是组织在保持它应有的市场份额的同时，持续服务于同一个市场与同一个用户群体。

2. 稳定型战略的使用条件

(1) 市场需求以及行业结构基本稳定，企业面临的竞争挑战和发展机会较少。

(2) 企业决策层不希望承担大幅度改变现状带来的风险。

(3) 战略改变需要改变资源配置格局。

(4) 发展太快可能导致企业的经营规模和经营领域超出资源和能力的承受范围。

稳定型战略能够保持战略的稳定性，不会因为战略的突然改变而引起在资源分配、组织结构和人员安排上大的变动，进而有助于组织的平稳发展。但另一方面，企业只求稳定，可能会丧失外部环境提供的一些发展的机会；同时，助长管理层不思进取、规避风险的思想，对企业的长远发展不利。

二、发展型战略

发展型战略也叫扩张型战略，在战略起点的基础上，向更高的目标发展的总体战略。在企业，该战略以发展为导向，引导企业不断开发新产品、开拓新市场，采用新的生产方式和管理方式，扩充员工数量，扩大企业规模，提高企业的市场占有率和竞争地位。

1. 发展型战略的主要特征

(1) 投入大量资源，扩大产销规模，提高产品市场占有率，增强企业的竞争力。

(2) 不断开发新产品、新工艺和老产品的新用途，不断开拓新市场。

(3) 不仅适应外部环境的变化，而且试图通过产品创新来引导消费，创造需求。

2. 发展型战略的三种主要形式

发展型战略主要有三种形式：集中型战略、一体化发展战略、多元化发展战略。

(1) 集中型战略。集中型战略是指集中企业资源，以快于过去的增长速度提升销售额或市场占有率。该战略的主要方式有：一是投资兴建，如麦当劳、沃尔玛、联想；二是采用企业并购，如海尔、海信；三是进行战略联盟（合资企业），如北京同仁堂。

(2) 一体化发展战略。一体化发展战略是指在前向和后向两个可能的方向上，扩展企业经营范围的一种发展战略。它包括前向一体化战略和后向一体化战略两种形式。其中，前向一体化战略就是企业对自己所生产的产品做进一步深加工，或建立自己的销售组织来销售本企业的产品或服务的战略。例如，石油公司对自己开采的石油进行炼化，生产各种石化产品，并自行组织这些产品的销售。后向一体化战略则是指企业生产所需要的原材料和零部件等，由外部供应改为自己生产，如钢铁公司自己拥有矿山和炼焦厂、中药企业培育自己的中药材基地等。

(3) 多元化发展战略。多元化发展战略可以分为关联多元化发展战略和无关联多元化发展战略两种类型。

关联多元化发展战略，也称同心多元化战略，是进入与现有产品或服务有一定关联的经营领域，进而实现企业规模扩张的战略。例如，海尔原来主要生产冰箱，后来又生产空调，这就属于关联多元化。因为，空调和冰箱在核心技术、目标顾客群等方面是相似的。

无关联多元化发展战略，也称为复合多元化发展战略，是指企业进入与现有产品或服务在技术、市场等方面没有任何关联的新行业领域的战略。例如，海尔本来以经营冰箱等制冷产品为主，后来又进入生物工程、电脑等领域。

三、收缩型战略

收缩型战略的目的与发展型战略相反，它不是规模扩张或扩大经营范围，而是通过收缩或撤退，缩减企业经营范围或经营规模。这种收缩或撤退可能由于多方面的原因。例如，由于经济不景气或行业进入衰退期，市场需求萎缩；或者企业财务状况恶化，难以经营众多业务；或者有更强大的竞争对手进入，导致市场生存空间收缩。收缩型战略主要有三种基本模式：抽资转向型战略、调整型战略和放弃战略。

1. 抽资转向型战略

该战略是指减少在某一经营领域内的投资，并把节省下来的资金投入到其他更需要资金的领域中的战略。采用这种战略的主要目的就是削减费用支出，改善公司总的现金流量。一般而言，停止资金投入的业务往往属于需求萎缩的领域；或者企业在该领域内市场占有率低，市场地位不利，而且想要改变这种状况非常困难。投资增加的业务领域往往是企业的主营业务和主要利润来源，并且企业在该领域内处于领先位置，或者是企业认为有较大发展潜力的新的领域。

2. 调整型战略

这种战略是企业为扭转不良的财务状况，使企业渡过危机而采取的收缩生产经营规模的战略。企业财务状况不好的原因可能是原材料价格上升、经济衰退、增大的竞争压力，或者决策失误。调整型战略的实现途径是：一是调整管理人员；二是通过裁减员工，减少广告投入和促销开支，控制成本；三是出售一些资产；四是加强库存控制；五是催收应收账款。

3. 放弃战略

当前两种战略都不能奏效时，企业通常会采取放弃战略，即出售企业的某个营业部门，这个营业部门可能是一个子公司，或是一个事业部，或是一条生产线。采取该战略的目的就是去掉营业赘瘤，收回资金，集中资源，发展其他业务，或进入更有前途的经营领域。

四、公司总体战略选择

一般情况下，一个企业可供选择的战略方案往往有多种。那么，在众多的战略方案中，企业到底选择哪一种战略或战略组合呢？企业理想的战略应当能够利用外部市场的机会并规避不利环境的影响；与此同时，它也应当能够充分利用企业内部的资源优势以及对自身的弱点加以改进。考虑到理想战略的这些特点以及企业所面临的多种战略方案，在进行战略选择过程中，企业应借助一些有效的战略评估方法或工具来达到选择理想战略的目的。目前，已有多种战略评价及选择方法，其中最著名的就是 BCG 矩阵法和麦肯锡矩阵法。

1. BCG 矩阵法

（1）BCG 矩阵法。即增长率/市场份额矩阵法，是由美国波士顿咨询集团所提出的。该矩阵根据市场增长率和市场份额两项指标，将企业所有的战略业务单位分为“明星”“现金牛”“问号”以及“瘦狗”四大类，并据此制定企业总体战略，如图 7—3 所示。

在 BCG 矩阵中，横轴代表市场份额，它以企业相对重要竞争对手的相对市场占有率来表示，高市场份额意味着企业在该行业中处于领导地位。相对市场占有率计算公式

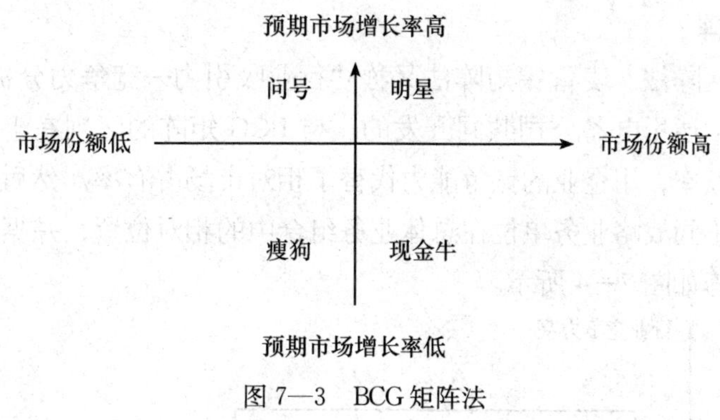

图 7—3　BCG 矩阵法

如下：

$$市场份额（相对市场占有率）=\frac{本企业的销售额}{主要竞争对手的销售额}\times 100\%$$

在 BCG 矩阵中，纵轴代表所在行业的市场增长率。市场增长率代表某行业对企业的吸引力大小。如果市场增长率高往往意味着企业迅速收回投资的机会大。一般认为，市场增长率达到 10%以上就算是高市场增长率。市场增长率的计算公式如下：

$$市场增长率=\frac{当年市场需求-去年市场需求}{去年市场需求}\times 100\%$$

根据 BCG 矩阵可以将企业的各种业务分成以下四种：

现金牛业务。即拥有较高的市场占有率和较低的市场增长率的业务。较高的市场占有率意味着可以带来较多的利润和现金，较低的市场增长率则意味着需要较少的资金投入，因此，现金牛业务往往能产生大量的现金流入，并成为整个市场的支撑。

明星业务。即拥有较高的市场占有率和较高的市场增长率的业务。由于这样的业务成长迅速，所以对现金的需求量大，但是其所处的支配性市场地位却为投资提供了有力的保证。

问号业务。即市场成长很快但企业所占市场份额相对较低的业务。高速的市场增长率需要大量的资金投入，但较低的市场份额意味着只能生产较少的现金流入。

瘦狗业务。即那些市场占有率和市场增长率都较低的业务。这样的业务既不能产生大量的现金，也不需要追加资金投入。

（2）BCG 矩阵与公司战略的选择。公司管理层应当从“现金牛”挤出尽可能多的“奶”（现金流）来，对它的投资也应限制在必要的水平上，即对现金牛业务实施稳定型发展战略。把“现金牛”产生的大量资金，尽可能多地投资于“明星”类业务，以巩固和发展其有力的市场地位，即对“明星”类业务实施扩张型发展战略。对于“瘦狗”类业务，除非有证据表明其收益率良好，否则应该及早处理变现，即实施收缩型战略。对于“问号”类业务，其中一些可以出售，另一些则有可能转变成“明星”业务。但是，“问号”类业务风险较大，管理当局应当限制此类业务的数量。公司管理层必须使各个象限的业务组合保持平衡，以便公司整体快速成长。

2. 麦肯锡矩阵

（1）麦肯锡矩阵法。麦肯锡矩阵法又称“行业吸引力—竞争力分析法”，是由麦肯锡咨询公司与美国通用电器公司共同开发的。与 BCG 矩阵的区别在于，它用行业吸引力代替了市场增长率，用企业的竞争能力代替了相对市场占有率。然后，根据这两个因素，用矩阵确定不同战略业务单位在总体业务组合中的相对位置，并据此制定出不同的战略。麦肯锡矩阵如图 7—4 所示。

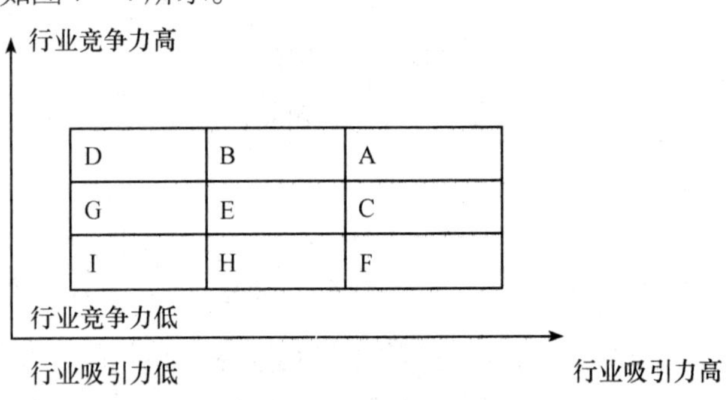

图 7—4　麦肯锡矩阵

在利用麦肯锡矩阵对不同的战略业务单位进行比较时，必须首先分析各业务单位所在行业的吸引力和企业在该行业中的竞争力。评价行业吸引力，可以从以下因素入手：行业总体规模、市场增长速度、产品价格的稳定性、市场的分散程度、行业竞争结构、行业平衡盈利能力、行业技术环境、经济环境、政治法律环境、人文社会环境等。行业吸引力按强度可分为高、中、低三等。

企业在行业中的竞争力按大小也分为高、中、低三等，其评价因素包括：生产规模达到经济规模程度、生产规模增长情况、市场占有率、盈利性、技术水平、产品线深度、产品质量、企业在行业中的形象、人员素质等。

（2）麦肯锡矩阵与公司战略选择。将行业吸引力的三个等级与企业竞争力的三个等级进行组合就构成有 9 个象限的矩阵，公司中的每一个战略业务单位都可以放在矩阵中的某一个位置上。总体来说，公司内的战略业务单位可以分为三类，针对三种不同的业务单位，应分别采取不同的战略。

1）处于 A、B、C 象限中的业务单位。对于这种战略业务单位，公司可以采取发展型战略，即增加更多投资以促进其快速发展。因为这类业务单位所在的行业很有前途，企业业务单位又具有较强的竞争地位，因此，应增加投资，以巩固其在行业中的地位。

2）处于 D、E、F 象限的战略业务单位。对于这类战略业务单位，公司的投资要有选择性，选择其中条件较好的单位进行投资，对其他的单位则采取抽资转向或放弃策略。

3）处于 G、H、I 象限的业务单位。这类业务的吸引力和企业的竞争力都较低，应采取收缩型战略。对于其中还有盈利的单位，可以采取逐步回收资金的抽资转向战略，而对不盈利又占有资金的单位则采取放弃战略。

阅读材料　　　　　　　　海尔集团的企业战略

海尔的前身是在1984年引进德国利勃海尔电冰箱生产技术基础上成立的青岛电冰箱总厂，经过十余年的发展，现已成为国家特大型企业集团。在“名牌战略”思想的指导下，海尔集团通过技术开发、精细化管理、资本运营、兼并控股及国际化，使一个曾亏损147万元的集体小厂迅速成长为中国家电第一名牌厂商。海尔现有员工两万多人，在海外拥有62个经销商、三万多个营销点。到1999年，海尔产品包括58大门类，9 200多个品种，企业销售收入以平均每年81.6%的速度高速、持续、稳定增长，集团工业销售收入达215亿元。海尔从引进冰箱技术起步，现在依靠成熟的技术和雄厚的实力在东南亚、欧洲等地设厂，实现了成套家电技术向欧洲发达国家出口的历史性突破。

海尔的发展很快，但也是一步步走过来的。企业发展过程实际上就是战略转移的阶段性连接，旧的战略不断地、不失时机地被新的战略替代，这样可使企业不断达到新的高度，赢得长期、持续的发展。海尔的成功也正是由于这种战略更替和转移的成功，在于它能够根据内外部环境的变化不失时机地以新的战略替代旧战略，顺利实现不同阶段上的战略转移。海尔的发展经历了三个阶段：

第一阶段，即名牌战略阶段（1984—1991年），在“要做就做最好的”的战略理念指引下，专注于冰箱专业化生产过程，实施“名牌战略”，建立了全面质量管理体系。

第二阶段，即多元化战略发展阶段（1992—1998年），通过企业文化的延伸及“东方亮了再亮西方”的经营理念，成功地实施了多元化战略扩张。所采取的策略就是通过所谓“吃休克鱼”的办法来扩展。当时许多企业都属于硬件比较好但软件不行、管理不行（即所谓“休克鱼”），海尔就积极地把这样的企业兼并过来，先后兼并了18个，这18个企业当时账面上亏损了5.5亿元，后来都扭亏为盈了。海尔的做法是：为每个企业派三个人，一个人全面负责，一个人抓质量，一个人抓财务；不是靠再投资，只是把海尔企业文化管理模式移植过去，使这些企业起死回生。

第三阶段，即国际化战略阶段（1998年以后），实施以创国际名牌为导向的国际化战略。其基本战略理念就是“从海尔的国际化到国际化的海尔”，所谓“海尔的国际化”，简单地说就是要求海尔产品的各项标准都能符合国际标准的要求，而且要成为中国很有竞争力的出口商，增强产品在国际上的竞争力，并要打响海尔的国际品牌；而“国际化的海尔”则是要在世界各地建设海尔，不再是一个从中国出来的海尔产品，而是在当地设计、当地生产、当地制造、当地销售的产品，这也就是“本土化的海尔”。这是个非常大的战略转折，而且对海尔来说也是个很大的新考验。在国际化战略阶段，海尔的策略原则是“先难后易”，国内有好多企业以“出口创汇”为导向，而海尔则是以“出口创牌”为导向，这使其取得了成功。

在“走国际化道路，创世界名牌”的思想指导下，海尔集团通过实施名牌战略、多元化战略和国际化战略，取得了持续、稳定、高速的增长，其品牌价值不但稳居中国家电业榜首，在国际市场的美誉度也越来越高。海尔是家电行业获得国优金牌、通过 ISO 9000 认证和 ISO 14001 环保认证的第一家，并先后取得了 UL、CSA、VDE、SMARK、SAS、SAA 等国际认证。1997 年，国家经贸委确定海尔为重点扶持冲击世界 500 强的 6 家试点企业之一。目前，海尔的国际化经营已驶入快车道，成为世界级的供应商，位于世界冰箱生产十强行列，在国际市场赢得越来越多的美誉。

海尔清醒地认识到，企业的发展和战略转移受多种因素制约，但从根本上说来，最具决定性的因素是人力资源及其战略选择。要想成为名牌、国际化的名牌，每一个员工首先应成为人才、国际化的人才，“先造人才，再造名牌。”因此，海尔在人力资源战略管理中坚持观念更新和制度创新，努力创造一种公平、公正、公开的人文环境和文化氛围，建立起一套充分发挥员工个人和团队人力资源潜能的机制，在实现企业战略目标的同时给每个人提供充分实现自我价值的发展空间——“你能翻多大的跟头，就给你搭多大的舞台”。这是攸关企业总体战略发展成败的关键。

问题：请结合以上案例和总体战略的相关理论，分析总体战略的类型及其选择。

第三节　竞争战略的制定

竞争战略，即业务层战略，主要解决的问题就是在特定的一个产业领域内，企业如何参与市场竞争，以获得超越竞争对手的竞争优势。在竞争战略的设计和选择方面，美国知名数学家迈克尔·波特在他的产业竞争结构分析框架上，提出了三种可供选择的一般竞争战略，它们分别是成本领先战略、差异化战略和集中化战略。

一、成本领先战略

如果企业打算成为产业中的低成本生产商，那么它实施的就是成本领先战略。企业取得成本领先优势的途径包括：追求规模经济、技术创新、低工资、优惠的原材料来源和高效率的运作等。实施该战略要求企业必须在加强成本控制方面做大量工作。实行成本领先战略，要求企业必先成为成本领先者，而不仅仅是降低了成本或成本较低。成本领先战略的基石是规模效益和经验效益，它要求企业提供的产品或服务必须具有较高的市场占有率，否则大量生产就毫无意义，而不大量生产也就不能使成本有较明显的降低。

1. 实施成本领先战略的条件

（1）企业各产品之间的关联性强，能够充分利用企业的生产制造系统。

（2）低成本能有效提高企业市场占有率，进而给企业带来高额收益。

（3）必须具有先进的生产工艺技术和现代化技术装备，能够进行大批量生产。

(4) 建立起严格的、全面的成本控制系统，并且能够在企业各个部门得到有效执行。

2. 成本领先战略的优缺点

实施成本领先战略的优点是：当企业处于低成本地位时，形成抵挡竞争对手的优势；企业建立起庞大生产规模和成本优势，使欲进入该行业的投资者望而却步，形成行业进入堡垒；提高与购买商、供应商谈判时的讨价还价能力。

实施成本领先战略的缺点是：新的生产技术的出现可能使企业过去积累的生产经验变得低效；行业中的竞争对手或新加入者通过模仿、吸取前人经验或购买更先进的生产设备，使自己的成本更低，后来居上，这时，企业的成本领先优势也不复存在；随着经济的发展和人们收入水平的提高，消费者从注重产品的价格开始转向更加注重产品的差异性，这使得成本领先优势的意义大大降低。

二、差异化战略

如果一个企业寻求在产业中的与众不同，它实施的就是差异化战略。该战略致力于满足顾客普遍重视的一个或几个特性，如高超的质量、卓越的性能、周到的服务、创新的设计或独特的品牌形象等。一个能够创造和保持差异性的公司，如果其产品价格溢价超过了它为寻求差异性而付出的额外成本，它的收益率就会高于产业的平均盈利水平。

1. 实施差异化战略的条件

(1) 具有较强的研究和开发能力，能够不断开发出满足顾客不同需求的新产品。

(2) 具有产品质量好或者技术领先的声望。

(3) 具有强大的市场营销能力。能够提供优质的服务，在市场上有良好的形象。

(4) 研发、生产和营销等部门之间能够进行有效的协调和配合。

2. 差异化战略优缺点

差异化战略的优点是：建立起顾客对企业和企业所生产产品的信赖和忠诚，形成企业竞争优势；顾客的信赖和忠诚形成了强有力的行业进入壁垒，如果新加入者想参与市场竞争，必须投入大量资源来扭转顾客对企业产品的信赖和忠诚；差异化金额可以使企业制定高价格，进而获取高额利益。

差异化战略也存在一定风险性，主要体现在：由于增加研发费用、采购高档原材料或大量广告等原因，企业成本往往比较高；如果竞争对手也推行差异化战略，并且在质量、性能、形象等方面不断推出差异性，也会使得本企业的差异性优势大大降低。

三、集中化战略

集中化战略，也称目标聚集战略，是指将企业资源集中于狭小的细分市场上，寻求成本领先优势或差异化优势的战略。如果公司寻求的是在目标市场上的成本领先优势，它实施的就是成本聚集战略；如果公司追求的是在目标市场上与众不同的差异化优势，它实施的则是歧异聚集战略。因此，集中化战略是前两种战略类型的一种特殊表现形式，所不同的是前两者寻求在整个市场范围内实现成本领先或差异化，而它则是追求在较狭窄的范围内，集中企业有限的资源和能力，获取竞争优势，进而获得高于行业平均水平的收益。

集中化战略的优势就是组织结构简单，便于管理，有利于充分利用企业的资源和能力。它明显的不足是市场风险比较大，一旦目标市场需求发生较大的变化，企业就可能陷入困境。根据中小企业在规模、资源等方面的特点，集中化战略是中小企业较为适宜的战略选择。

四、竞争战略选择制定的制约因素

组织在进行战略选择时，应结合自身情况选择具体的竞争战略，具体情况如下。

1. 当地经济发展水平

经济发展水平较高的地区，由于居民收入水平高，对产品品质、服务等方面的关注超过了对价格的关注，同时，该区域一般来讲市场竞争激烈，因此，成本领先战略在很大程度上失去意义，差异化战略会更加有效。相反的，经济发展水平较低的地区，由于居民收入水平低，对价格比较敏感，比较适用于成本领先战略，以较低的价格刺激人们的需求。

2. 企业自身资源和发展阶段

在企业发展初期，由于规模较小，资源、能力都比较薄弱，这时应选择集中化战略，即集中有限的资源在特定市场领域里追求低成本或差异化，使企业在市场上站稳脚跟。随着企业规模的扩大，企业的资源和能力不断得到积累，不同的企业可能形成不同的优势。如果企业的生产能力较强而研发能力或市场营销能力较弱，这时可考虑采取成本领先战略；相反，如果企业具有较强的研发能力、市场营销能力，则可考虑运用差异化战略。

3. 行业所处生命周期阶段

从行业生产周期来看，通常在投入期和成长期，为了抢占市场，防止潜在进入者，企业应主要采取成本领先战略，以刺激需求，使企业处于低成本、高市场占有率、高收益和更新改造的良性循环中。而到了行业的成熟期与衰退期，其消费需求呈现多样化、复杂化与个性化的局面，这时企业应以差异化战略为主，建立顾客忠诚。例如，我国的家电行业目前已进入成熟期，各家电企业要想继续发展，应积极实施差异化战略。

4. 产品类别

对于不同的产品，购买者对于价格、质量、服务、品牌形象等特征有不同的关注程度。对于大多数的工业品，如钢材、标准机械、零部件等，标准化程度都比较高，在保证产品基本质量的前提下，价格成为购买者关注的最主要的因素，企业应采取成本领先战略。但对于一些专用机械、成套设备等工业品，非常强调售后服务，应采取服务方面的差异化战略。对于消费品中的耐用品来说，由于它们属于一次性购买、长期使用的产品，品牌形象、质量、售后服务等因素都非常重要，宜采取差异化战略。而对于大多数的日用消费品，由于人们反复少量购买，价格仍是消费者最关注的产品特性，可以采取成本领先战略。

案例链接　　劲霸男装的竞争战略

劲霸男装是近两年在国内服装界出现的一匹黑马。2001年，劲霸男装实施新的品牌战略，开始在全国范围内实施一系列的差异化营销策略。短短两年时间，迅速从一个三线品牌，跃升为中国男装极具竞争力的知名品牌。特别是自2003年，在全国范围内拉开把学习的理念引进中国服装行业活动的序幕后，劲霸男装在二三线市场的市场占有率大大高于同行业其他男装品牌，专卖店的开店趋势呈爆发性增长，同时引爆了服装业内的顾问热。

劲霸男装面对的有同类品牌形象、同质产品（相同成分的产品）和雷同款式三个层面的竞争，我们从概念性区别产品差异基础和实证研究产品差异基础两种角度来分析劲霸男装的产品差异竞争战略。

1. 概念性区别作为产品差异基础

(1) 产品特征。劲霸男装作为日用消费品类，其产品优势就是强有力的设计开发。但与同质、同等级的其他品牌相比，如七匹狼，其优势并不十分明显。

(2) 售后服务。劲霸男装的售后服务职能直属于总公司副总办公室，相关事宜处理得十分快捷。竞争品牌目前尚没有一家能同属一个层次。

(3) 时机。在恰当的时间推出新品有助于产品差异化，关键在于谁能成为先行者。劲霸男装强大的产品开发设计队伍，有力地支持了营销总门抢占市场先机。

(4) 位置。劲霸男装生产基地在福建晋江英林镇，是中国著名的休闲服装生产名镇。这里聚集着中国三大男装品牌，大大小小上百家男装生产企业。相对来说，各方面的信息来源比较集中，有比较完整的生产配套设施。

(5) 产品组合。劲霸男装在产品开发上并没有合理的结构，多数是单品打市场，并不具备很强的竞争优势，但是劲霸夹克的产品在款式、功能设计上是具有竞争优势的。

(6) 声誉。产品差异最有力的基础之一是一个企业及其产品的声誉，声誉往往很难建立，而一旦建立起来，将持续很长时间。劲霸通过媒体宣传等方面的努力，其知名度迅速提高。但是，由于销售量的增加带来的售后服务、产品品质等方面的副作用及负面口碑也在加大，应该引起高度重视，加强对品牌美誉度的提升。

2. 实证研究作为产品差异基础

(1) 分销渠道。产品可以不同的分销渠道为基础而差异化，劲霸男装通过省级代理，二、三级加盟，实行产品区域代理制，成功地开拓并稳固了二、三级市场，并能很好地维护市场秩序，把销售重点放在了二三线市场，巩固二三线市场的消费者，形成了差异化优势。

（2）对分销渠道强有力的控制能力。劲霸男装对省级代理的控制能力非常强，与国内同行业相比较，目前还没有哪一家具备如此强的掌控能力。

（3）对各级加盟商实行智力投资。劲霸男装的高层对市场的敏锐度极高，首先在国内的服装行业，大张旗鼓地掀起学习的热潮，对各级代理商、加盟商分别进行培训，激发他们的学习热情，提高核心竞争力。

请结合该案例和竞争战略相关理论，谈谈竞争战略的类型及其选择。

思考与练习

一、名词解释

1. 战略

2. 总体战略

3. 竞争战略

二、简答题

1. 简述总体战略的类型。

2. 总体战略的选择可以使用哪两种方法？请分别叙述其特点。

3. 简述竞争战略的类型及其使用条件和选择方法。

三、案例分析

传奇“巨人”的倒塌与崛起

1992 年，一家知名媒体对北京、上海、广州等十大城市的万名青年进行了一次问卷调查，其中一个问题是“写出你最崇拜的青年人物”。结果，第一名是比尔·盖茨，第二名则是史玉柱。

史玉柱，安徽怀远县人，毕业于浙江大学数学系，1989 年深圳大学研究生毕业，随即下海创业。从巨人汉卡到巨人大厦，从脑白金到黄金搭档，史玉柱是具有传奇色彩的创业者之一。他曾经是莘莘学子万分敬仰的创业天才，5 年时间内跻身财富榜第 8 位；他也曾是无数企业家引以为戒的失败典型，一夜之间负债 2.5 亿元；而如今他又是一个著名的东山再起者，再次创业成为一个保健巨鳄、网游新锐，身家数十亿元的传奇人物。

1989 年 7 月，史玉柱孤独地站在深圳宽敞而脏乱的大街上。此时，史玉柱的行囊中，只有东挪西借的 4 000 元以及他耗费 9 个月心血研制的 M—6401 桌面排版印刷系统软件。他给报刊打电话，提出要登一个 8 400 元的广告“M—6401：历史性的突破”。唯一的要求是先发广告后付钱。“如果广告没有效果，我最多只付得出一半的广告费，然后只好逃之夭夭。”事后，他这样说。

13 天后，他的银行账号里收到了三笔总共 15 820 元的汇款。两个月后，他赚进了 10 万元。这是他经商生涯中的“第一桶金”，他把这笔钱又全部投进了广告。4 个月后，他成了一位年轻的百万富翁。1990 年 1 月，史玉柱一头扎进深圳大学两间学生公寓里，除了每星期下一次楼买方便面，他在计算机前待了整整 150 个日日夜夜。这次他拿出来的是 M—6402 文字处理软件系列产品。他从深圳来到珠海，给自己的新技术公司起了一个很响亮的名字——“巨人”。他宣布，“巨人”要成为中国的 IBM。

就在“巨人”诞生后不久，他又做出了一个让所有部下都反对的决定：全国各地的电脑销售商只要订购 10 块“巨人”汉卡，就可以免费来珠海参加“巨人”的销售会。一时间 200 多位经销商从天南地北齐聚珠海，史玉柱以数十万元的代价，闹腾腾地编织起了一张当时中国电脑行业最大的连锁销售网络。第二年，“巨人”的汉卡销量一跃而居全国同类产品之首，公司获纯利润 1 000 多万元。从 1992 年开始，“巨人”已赫然成为中国电脑行业的“领头羊”，史玉柱也被评为“中国十大改革风云人物”“广东省十大优秀科技企业家”。

1992 年，在事业之巅傲然临风的史玉柱决定建造巨人大厦，最初的计划是盖 38 层。当时“巨人”的资产规模已经超过 1 亿元，流动资金约数百万元。这年下半年，一位领导来“巨人”视察。当他被引到巨人大厦工地参观的时候，四周盼顾，便兴致十分高昂地对史玉柱说，这座楼的位置很好，为什么不盖得更高一点？就是这句话，让史玉柱改变了主意。巨人大厦的设计从 38 层升到了 54 层，后来又定为 70 层。

巨人大厦是最早在香港市场上出售楼花的大陆楼盘之一。挟着巨人集团的赫赫名声及强有力的推销攻势，巨人大厦的楼花在香港卖得十分火，1 平方米居然卖了 1 万多港币，加上在大陆的销售额，史玉柱一下子圈进了 1.2 亿元。1993 年，具有商人特质的史玉柱又选中了当时最为火爆的保健品行业。从此，史玉柱走上了一条多线开战、俱荣俱损之路。1995 年 5 月 18 日，“巨人”以集束轰炸的方式，一次性推出电脑、保健品、药品三大系列 30 个新品的广告，减肥、健脑、强肾、醒目、开胃，几乎涵盖了所有的保健概念。这可能是中国企业史上广告密集度最高的一次产品推广活动。一时间，暴风雨般的广告、新闻如炸弹倾泻而下，数千名年轻的营销人员奔赴各大市场，“巨人”的系列产品在最短的时间内出现在全国 50 万家商场的柜台上。不到半年，巨人集团的子公司从 38 家发展到了创纪录的 228 家，人员从 200 人骤增到 2 000 人。据统计，在巅峰时期，为巨人集团加工、配套的工厂达到了 150 家。

但令史玉柱始料不及的是，此时国内保健品市场渐趋停滞，而巨人大厦则像一只永远张开着的大口，每天都要靠大笔的资金填下去才能继续长起来，多线开战的恶果终于显露了出来。在迫不得已的情况下，史玉柱只好不断地抽调保健品公司的流动资金填补到巨人大厦的建设中，最终造成了各个战场捉襟见肘、顾此失彼的局面。从 1996 年 10 月开始，位于珠海市香港工业区第九厂房的巨人集团总部越来越热闹，一些买了巨人大厦楼花的债权人开始依照当初的合同来向巨人集团要房子。可是他们看到的却是一片刚刚露出地表的工程，而且越来越多的迹象表明，巨人集团可能已经失去了继续建设大厦的能力。消息一传十、十传百，像台风一样卷刮到并不太大的珠海市的每一个角落。那些用辛辛苦苦赚来的血汗钱买了大厦楼花、原本梦想着赚上一笔的中小债主再也耐不住了。一拨一拨的人群拥进了巨人集团。到了1997年1月，数十位债权人和一群闻讯赶来的媒体记者来到巨人集团总部，“巨人”在公众和媒体心目中的形象轰然倒塌。

在财务危机被曝光三个月后，史玉柱终于向媒体提出了一个“巨人重组计划”，内容包括两个部分，一是以8 000万元的价格出让巨人大厦80%的股权，二是合作组建脑黄金、巨不肥等产品的营销公司，重新启动市场。可是谈了十多家，最终一无所成。在这一过程中，庞大的“巨人军团”最终分崩瓦解。一段时期后，史玉柱也从公众的视野中逐渐消失了。

2000年，史玉柱和原班人马在上海及江浙创业，做的是“脑白金”业务。他表示，“老百姓的钱，我一定要还”。并定下了2000年年底还钱的时间表。

2001年，史玉柱在上海申请注册一个巨人公司，谋求上市。2004年11月18日，上海征途网络科技有限公司正式成立。2006年7月26日，史玉柱和其18位公司高管在开曼群岛正式注册“Giant Network Technology Limited”，此公司通过一家在英属维尔京群岛注册名为“Eddia International Group Limited”的公司控制上海征途网络科技有限公司的100%股权。2007年6月11日，“Giant Network Technology Limited”正式改名为“Giant Interactive Group Inc.”，也就是现在上市公司的正式名称；同时，上海征途网络科技有限公司正式更名为上海巨人网络科技有限公司。

2007年11月1日，史玉柱旗下的巨人网络集团有限公司成功登陆美国纽约证券交易所，总市值达到42亿美元，融资额为10.45亿美元，成为在美国发行规模最大的中国民营企业，史玉柱的身价突破500亿元。

2008年10月28日，史玉柱创办的巨人投资公司在北京人民大会堂宣布，正式开辟在保健品、银行投资、网游之后的第四战场——保健酒市场，推出世界第一款功能名酒——五粮液黄金酒。巨人投资与酒业巨头五粮液签署了长达30年的战略合作，由巨人投资担任黄金酒的全球总经销。

2009年1月13日，巨人网络董事长兼CEO史玉柱在上海宣布，推出名为“赢在巨人”的网游创业平台。2009年3月12日，福布斯全球富豪排行榜，史玉柱以15亿美元居468位，在大陆位居14位。

问题：请根据企业战略管理的理论，分析史玉柱的失败与成功的原因，并简要谈谈其战略的失误与成功之处。